Störfaktor

Für meine Kinder Friederike, Isabell, Vivien,
Denise, Rebecca und Marlon
Ihr seid das Glück meines Lebens

Für die Lieben, die mich zu früh verließen

Für meinen guten Freund Benno, der dieses
Buch möglich gemacht hat

Ivonne Deinert

Störfaktor

Mein schwerer Weg ins Leben

© 2014 Ivonne Deinert

Umschlaggestaltung: Nico Kubisch

Verlag: tredition GmbH, Hamburg
ISBN: 978-3-8495-8112-1
ISBN: 978-3-8495-8113-8
ISBN: 978-3-8495-8114-5

Vorwort

Was braucht man, um ein Buch zu schreiben? Eine Geschichte, die man erzählen will und die es wert ist, erzählt zu werden. Man erhofft sich davon, andere Menschen damit zu erreichen. Sie zu begeistern, zu amüsieren, zu Tränen zu rühren oder aufzurütteln. Das alles erwarte ich mir von den Büchern, die ich lese. Aber wäre ich in der Lage ein solches Buch zu schreiben, das all diese Eigenschaften in sich vereint? Habe ich das Talent, meine Gedanken so zu Papier zu bringen um andere Menschen damit erreichen zu können? Interesse zu wecken?
Eine Geschichte habe ich, die es wert ist, erzählt zu werden. Es ist die Geschichte meines Lebens.

Das schreiben dieses Buches ist ein Wagnis für mich. Vergleichbar mit einem Sprung in kaltes Wasser. Ich habe diesen Sprung oft in meinem Leben getan. Nur wurde ich dabei jedes Mal gestoßen und stand noch dazu an einem Abgrund. Nun wage ich diesen Sprung aus freien Stücken und hoffe, dass warmes Wasser mich auffängt. Am Ende dieses Buches schwimme ich zwar immer noch in einem See voller Erinnerungen, doch ziehen sie mich dann hoffentlich nicht mehr permanent in die Tiefe. An dieser Hoffnung halte ich fest und wage nun den schriftlichen, kostbaren Blick in die Vergangenheit.

Ich erzähle von den Wegen, die ich ging und die selten meine eigenen waren. Wie ein Blatt an einem kühlen Herbsttag, das vom Wind hin und her geweht wird, konnte ich meinen Weg oft nicht wählen. Ich war, wie das Blatt, höherer Gewalt ausgeliefert. Die endlosen Gabelungen meines Lebensweges führten mich letztlich an den Punkt, an dem ich heute bin. An diesem Punkt, der von Stagnation gezeichnet ist, beschloss ich, dieses Buch zu schreiben.

Schreiben oder nicht?

Bislang habe ich immer nach einer kreativen Ader in mir gesucht. Ich habe es mit malen versucht, aber das ging daneben. Mit meinen Sangeskünsten könnte ich auch keine Konzertsäle füllen. Ich glaube, Schauspielerei hätte mir ganz gut gelegen. Talent dafür habe ich, keine Frage. Zeit meines Lebens habe ich versucht, eine Fassade aufrecht zu erhalten, die es in Wirklichkeit gar nicht gab. Das erfordert Fantasie, einen starken Willen und schauspielerisches Talent. Letzten Endes jedoch leidet die Psyche sehr darunter. Um dem entgegen zu wirken habe ich angefangen zu schreiben. Das lag mir schon in der Schule, obwohl ich mich damals auch manchmal mit den allseits beliebten Aufsätzen etwas schwer getan habe. Aber das lag dann wohl doch eher an mangelnder Lust.

Die Macht des Wortes faszinierte mich seit jeher. Schon als Kind saß ich lieber in meinem Zimmer mit einem spannenden Buch in der Hand, als draußen mit Freunden zu spielen. Geschriebene Worte, zusammengefasst in Abenteuergeschichten, Kriminalgeschichten oder Liebesgeschichten eröffneten mir eine Welt, die weit jenseits meiner grausigen Wirklichkeit lag. Ich bereiste mit Kapitän

Nemo die Tiefen des Meeres und mit Winnetou die endlose Weite der Prärie. Mit Sherlock Holmes löste ich die kniffligsten Kriminalfälle und ich kämpfte Seite an Seite mit Hobbits gegen Trolle und Orks.

Worte können so viel bewirken. Sind es gute Worte, können sie trösten und Mut machen. Sie können der Grund für Freudentränen sein und sogar Wunden heilen. Sind sie böser Natur, brechen sie über einem zusammen wie riesige Wellen in einem sturmgepeitschten Ozean. Ich hörte mein halbes Leben lang nur böse Worte und es fühlte sich an wie Tod durch ertrinken. Zuerst das endlose Treiben an der Oberfläche ohne Land in Sicht. Immer noch erfüllt von Hoffnung auf Rettung. Das sinnlose Wassertreten, bis die Hoffnung und die Kräfte schwinden Und dann der Untergang. Nur gleicht es bei Worten einer zähen Flüssigkeit, die immer tiefer in den Körper eindringt. Es ist unendlich viel schwerer, dagegen anzukämpfen. Über viele Jahre hinweg sind meine Seele und meine Psyche langsam daran erstickt. Um aus diesem Zustand wenigstens zeitweise auszubrechen, habe ich angefangen, meine Gedanken und Gefühle zu Papier zu bringen.

Anfangs in Gedichtform geschrieben merkte ich jedoch bald, dass ich in dieser

Form nicht alles zum Ausdruck bringen konnte. In einem Gedicht legt man doch mehr Wert auf Form und Ausdruck, wie beispielsweise den Vers und den Reim. Das passte jedoch nicht zu dem, was ich zu erzählen hatte. Es war mir wichtig, so viel seelischen Ballast wie möglich abzuladen. Und wie heißt es doch so schön, Papier ist geduldig. So beschloss ich eines schönen Tages, die Geschichte meines Lebens in einem richtigen Buch zusammen zu fassen. Material hatte ich ja nun wirklich genug. Der ganze Druck, der sich all die Jahre angesammelt hatte, sollte sich in einem literarischen Meisterwerk entladen. Soweit die Idee.

Als ich anfing, dieses Buch über mein Leben zu schreiben, stieß ich nach kurzer Zeit an meine Grenzen. Ich begann im Heute und tat dann Zeitsprünge in die Vergangenheit. Als ich nach meinem Empfinden etwa die Hälfte geschafft hatte, las ich mir alles am Stück einmal durch. Leider musste ich dabei feststellen, dass bei dieser Schreibweise an vielen Stellen der sarkastische Unterton, der mir so wichtig ist, fehlt. Also begann ich von vorn und versuchte mich im Stil der klassischen Biografie. Mit dem Ergebnis war ich aber ebenfalls nicht zufrieden. So gab ich es zunächst auf und legte das Projekt auf Eis. Viele Flaschen Wein später und nach reiflicher

Überlegung beschloss ich, etwas anderes zu versuchen. Wenn ich es nicht schaffte, ein Buch für Erwachsene zu schreiben, vielleicht würde mir dann als Debüt ein Kinderbuch gelingen. Ich hatte weiterhin Gedichte geschrieben und war mit dem Endergebnis meist sehr zufrieden. Es machte mir viel Spaß, mit Worten zu jonglieren, so dass sich Reime ergaben. Ich schreib lustige Gedichte, traurige Gedichte oder einfach nur emotionale Prosa. Da es mir an Fantasie nicht mangelte, hielt ich ein Kinderbuch für eine gute Idee und realisierbar.

Während eines Klinikaufenthaltes, den ich freiwillig antrat um einem mentalen Kollaps vorzubeugen, begann ich zu schreiben. Ich hatte sehr viel Zeit für mich, die ich meist allein spazierend im wunderschönen Klinikpark verbrachte. Dort saß ich oft auf einer Bank, hielt mein Gesicht in die Sonne und ließ die Gedanken wandern. So entstanden die ersten Zeilen in meinem Kopf und ich fügte jeden Tag ein paar hinzu. Als ich mich nach zwei Wochen selbst aus der Klinik entließ, hatte ich die ersten drei Kapitel fertig.

Aus verschiedenen Gründen legte ich dieses Projekt aber immer wieder beiseite und griff erst Monate später wieder darauf zurück. Meist fügte ich dann ein paar Kapitel hinzu, las alles noch einmal durch und tat es dann wieder zurück in die unterste Schublade. Auf Grund dieser Verfahrensweise erstreckte sich das Schreiben dieses Kinderbuches auf einen Zeitraum von über einem Jahr.

Eines schönen Nachmittags packte mich der Ehrgeiz und ich schrieb die letzten Kapitel hintereinander weg. Nach ein paar Stunden war das Buch in seiner Endfassung fertig. Ich druckte es aus, suchte mir im Internet die Adresse eines renommierten Verlages, klopfte drei Mal auf Holz und schickte es ab. Die Antwort von dort erhielt ich relativ schnell. Man war begeistert von meinem Buch und auf einer Lektoratskonferenz wurde einstimmig beschlossen, es zu publizieren. Als ich das las, hatte ich Tränen in den Augen. Ein Traum war wahr geworden.

Ein unglaubliches Gefühl breitete sich in mir aus. Stolz, etwas geschaffen zu haben. Etwas das, selbst wenn es nicht veröffentlich werden würde, doch für immer Bestand haben würde. Etwas, das mir niemand mehr nehmen könnte. Zum ersten Mal in meinem Leben hatte ich etwas wirklich zu Ende gebracht. Leider gesellte sich zu meiner überschwänglichen Freude auch Traurigkeit. So eine Publikation ist nämlich mit Eigenkapital verbunden, welches ich natürlich nicht aufbrachte. Trotz dieser misslichen Umstände nahm ich diesen kleinen Erfolg als

Ansporn. Ich wäre nicht der Mensch, der ich bin, wenn mich solche Widrigkeiten zum Aufgeben bewegen würden. Und so holte ich mein vor Jahren angefangenes, anderes Projekt wieder hervor und stürzte mich voller Enthusiasmus darauf.

Es stellte sich mir nach wie vor die Frage, wie ich das Erlebte am besten zum Ausdruck bringen könnte. Dann kam ich auf die Idee, alles einzeln in Kurzgeschichten zu erzählen. Ich wusste, dass diese Schreibweise mir besser gelingen würde als die stupide Aneinanderreihung von Fakten. So greife ich Episoden meines Lebens einzeln auf und der Leser kann sich gezielt darauf konzentrieren. Soweit die Idee.

Als ich mein Kinderbuch schrieb, hatte ich nach Beendigung des letzten Kapitels immer noch keinen passenden Titel gefunden. Ich las es mehrere Male und konnte mich nicht entscheiden. Dann las ich es mit meinen Kindern und fragte diese um Rat. Sie fanden die Geschichte toll und ich bekam großes Lob dafür, aber einen Titel haben wir auch zusammen nicht finden können. Es gab zwar Vorschläge aber wir wurden uns nicht einig. Letzten Endes war es so etwas wie ein Heureka und mein Titel stand fest.

Bevor ich mit dem Schreiben dieses ersten Kapitels hier begann, machte ich mir

Gedanken über den Titel meines Buches. Diesmal bedurfte es jedoch keiner langen Überlegungen. Störfaktor sollte mein Buch heißen, denn über die Hälfte meines Lebens fühlte ich mich als solcher. Ich bin sicher, dass dem Leser im Verlauf des Buches klar wird, warum das so war.

Wie ich meine Mutter fand

Meine Mutter starb, als ich sechs Jahre alt war. Nur so viel sei an dieser Stelle gesagt; ich kam ins Kinderheim nach ihrem Tod. Lange Zeit lebte ich im Ungewissen, wusste nicht, was mit ihr geschehen war. Völlig verständnislos stand ich der Tatsache gegenüber, dass ich nun keine Mutter mehr habe. Als ich älter wurde und Fragen stellte, bekam ich keine Antworten. Vorerst blieben mir also nur die Erinnerungen an sie. Und erinnern konnte ich mich sehr gut. Ein erstaunliches Gedächtnis, sagten die Psychologen, zu denen meine Stiefmutter mich später immer wieder schleppte.

Als ich geboren wurde, war die Welt noch in Ordnung. Meine Eltern waren glücklich verheiratet und ich war ein Wunschkind. Diese Idylle war jedoch nicht von Dauer und die Ehe der beiden wurde geschieden. Mein Vater, der in meiner Erinnerung nur ein gesichtsloses Phantom ist, verließ uns. Damals begann wohl der Leidensweg meiner Mutter, den sie bald darauf beendete und meiner, der mich noch Jahre begleiten sollte. Meine Mutter brachte, als ich etwa fünf Jahre alt war, noch ein Zwillingspärchen zur Welt. Meine Schwester und meinen Bruder.

Als ich viele Jahre später meine Großeltern mütterlicherseits gefunden hatte, glaubte ich, nun endlich die Antworten zu bekommen, nach denen ich mein Leben lang gesucht hatte. Leider erwies sich das als falsch. Meine Großmutter war erstaunlich gefasst, als ich mich das erste Mal telefonisch bei ihr meldete. Es war fast so, als hätte sie jeden Tag damit gerechnet, dass ich anrufe. Bei diesem Telefonat durchlebte ich ein wahres Gefühlschaos. Die Freude, nun endlich Angehörige gefunden zu haben schlug sehr schnell um in Trauer, da ich nun die Gewissheit hatte, dass meine Mutter wirklich tot ist. Meine Großmutter schickte mir damals einige Fotos von meiner Mutter. Es sind die einzigen, die ich von ihr habe. Ich erfuhr, dass meine Mutter sich das Leben nahm. Sie starb an einer Gasvergiftung. Aber niemand war bereit, mir zu sagen, warum sie das tat.

Für mich war es immer sehr schwer nachzuvollziehen, warum sie uns verlassen hat. Die Kinder hätten ihr doch Halt geben müssen. Dachte ich jedenfalls. Heute allerdings, nach so vielen Jahren, ist mir klar, dass wir Kinder ihr nicht helfen konnten. Leider spreche ich da aus Erfahrung, denn ich befand mich auch schon in dieser Situation. Ich war so verzweifelt, dass mir jeglicher Lebensmut verloren ging und ich diese Welt verlassen wollte. Dass ich zu diesem Zeitpunkt Kinder hatte, die mich brauchten, spielte keine Rolle für mich. Dieser Gedanke kam mir nicht in den Sinn, denn mein Geist und mein Herz waren ausgefüllt mit Trauer und Verzweiflung. Rationales Denken oder Handeln war ausgeschlossen. Mein Versuch, aus dem Leben zu scheiden, ging schief. Vielleicht sollte es nicht klappen. Vielleicht war es Schicksal oder eine höhere Macht hat interveniert, wer weiß das schon. Obwohl ich weder an das eine noch an das andere glaube, bin ich letztendlich doch froh darüber, dass ich noch da bin. Zurück blieb eine große Narbe am Handgelenk und eine noch größere in mir, die nie wieder verheilte.

Beschämt darüber, was ich meinen Kindern beinahe angetan hätte, schwor ich mir, so etwas nie wieder zu tun. Vielleicht ist das Leben nicht immer lebenswert, aber wir haben nur das eine. Selbstmörder wollen oft aus dem Leben scheiden, weil sie denken, sie kommen dann an einen besseren Ort. Aber wer versichert uns denn, dass es diesen Ort wirklich gibt? Wenn man das herausfindet, ist es für eine Rückkehr zu spät. Ich wünschte, meine Mutter hätte sich darüber Gedanken gemacht, bevor sie ging. Vielleicht hat sie das ja sogar, kam aber zu dem Schluss, dass es trotz allem besser wäre, alles hinter sich zu lassen. Das gehört mit zu den Dingen, die ich wohl nie erfahren werde. Ich stellte immer dieselben Fragen, bekam aber keine Antworten.

Meine Großmutter bat mich, die Sache ruhen zu lassen. Es würde sie zu sehr aufregen, sagte sie. Ich kam diesem Wunsch nur ungern nach, musste ihn aber letztlich akzeptieren. Dadurch brach der Kontakt zwischen uns wieder ab. Als ich Jahre später einen erneuten Versuch unternahm, schrieb ich dazu einen langen Brief. Ich erhielt jedoch nie eine Antwort. Sie dem stellt sich mir die Frage, ob meine Großeltern noch leben und obwohl diese Ungewissheit mich quält, beließ ich es dabei und unternahm nichts mehr.

Die wichtigste Information, die ich von meiner Großmutter erhielt, war, wo meine

Mutter bestattet ist. In der Stadt, in der ich geboren wurde und immer noch lebte. Mit diesem Wissen machte ich mich dann auf den Weg zum Friedhof. Es mussten etliche Bücher gewälzt werden, bis man die Nummer ihrer Grabstelle gefunden hatte. Der Gärtner begleitete mich dorthin. Meine Großeltern hatten sich nicht selbst um das Grab kümmern können, da sie sehr weit weg wohnten. Anscheinend hatten sie aber auch keine Grabpflege in Auftrag gegeben. Denn was ich dort sah, war wirklich erschreckend. Die alte, verwitterte Grabeinfassung war kaum noch zu erkennen. Alles war bedeckt mit feuchtem Laub. Drum herum wucherte trockenes Gestrüpp. In diesem Moment tat mir meine Mutter entsetzlich leid. Nachdem ich den ersten Schrecken überwunden hatte, meldete sich der Tatendrang, sofort etwas gegen dieses Chaos zu unternehmen. Von Seiten des Friedhofs kam man mir diesbezüglich sehr entgegen. Man versprach mir, das Grab in den nächsten Tagen wieder herzurichten. Für mich stand fest, dass ich mich darum kümmern würde. Das war ich meiner Mutter und mir selbst schuldig. Leider blieb mir meine Mutter in dieser Weise auch nur noch für zehn Jahre erhalten. Eine ganz normale Grabstelle verfällt nämlich nach dieser Zeit und man kann sie nur retten, in dem man sie kauft. Natürlich war mir das finanziell unmöglich und so verlor ich meine Mutter dann doch noch endgültig.

Mir wurde damals klar, dass Bestattung generell eine Kostenfrage ist. Wer bereits jemanden hat zu Grabe tragen müssen, weiß wovon ich rede. Wie hoch sich diese Kosten allerdings belaufen, davon hatte ich keine Ahnung. Irgendjemand hat einmal gesagt, der Tod ist nicht umsonst – er kostet das Leben. Welche Ironie. Die Dreistigkeit des Menschen ist doch grenzenlos. Der ewige Konkurrenzkampf untereinander macht auch vor der letzten Ruhestätte eines jeden nicht halt. Als anpassungsfähiges Individuum kann man sich dem natürlich nicht entziehen und so habe auch ich das Geld für das Grab meiner Mutter aufgetrieben. Die Friedhofsgärtnerei hat mir ihre Dienste nicht in Rechnung gestellt. Es gab also doch noch Menschen, die einfach halfen, ohne die Hand aufzuhalten. Der Steinmetz war sehr gerührt von meiner Geschichte und bot mir Ratenzahlung für den Grabstein an. Ich nahm dieses Angebot dankbar an, obwohl es mir schwer fiel, jeden Monat das Geld dafür aufzubringen.

Nachdem das Grab meiner Mutter als solches wieder zu erkennen war, ist etwas in mir zur Ruhe gekommen. Ich bin danach fast täglich dort gewesen. Meist habe ich dort einfach nur im Schatten eines Baumes gesessen und nachgedacht. Ich habe in Gedanken das 'Was wäre wenn' so oft durchgespielt. Aber wer kann schon mit Sicherheit sagen, wie mein Leben verlaufen wäre, wenn sie sich nicht getötet hätte. War das nun ein schrecklicher Zufall oder war es meine Bestimmung, so aufzuwachsen? Welche Dinge können wir denn selbst entscheiden in unserem Leben und welche sind schon vorherbestimmt, bevor wir geboren werden? In meinem Leben gab es viele Situationen, in denen ich mir genau diese Frage stellte. Nur die Antworten bleiben aus.

Die lieben Verwandten

Natürlich hatte ich mir oft die Frage gestellt, warum ich ins Heim gesteckt wurde nach dem Tod meiner Mutter. Was war mit meinem Vater? Hätte ich denn nicht bei ihm bleiben können? Auf der Suche nach meinen Angehörigen konzentrierte ich mich deshalb anfangs darauf, ihn zu finden. Heutzutage ist es wirklich nicht schwer, jemanden ausfindig zu machen. Auf meiner Abstammungsurkunde stand sein Name und so fragte ich mich durch diverse Ämter, bis ich ihn schließlich gefunden hatte. Ich beschloss, wie bei meiner Großmutter, zu telefonieren, statt einen Brief zu schreiben. Das erschien mir sicherer und sinnvoller, denn ich hatte keine Lust, lange auf eine Antwort zu warten.

Bei meinem ersten Anruf dort sprach ich mit einer Frau. Ich nannte den Namen meines Vaters und fragte, ob er dort wohnen würde. Sie bejahte das. Nachdem ich ihr erklärt hatte, wer ich bin, bat ich darum, mit ihm sprechen zu können. Sie hielt kurz den Hörer bedeckt und hielt Rücksprache mit einer Person im Hintergrund. Ich gehe davon aus, dass diese Person mein Vater war. Sie bat mich dann, in zehn Minuten nochmals anzurufen, was ich auch tat. Beim zweiten Telefonat sprach ich wieder mit der Frau, die mir sagte, da müsse wohl ein Irrtum vorliegen. Herr M. lässt ausrichten, er kenne mich nicht. Hätte er mir das nicht selbst sagen können? Und muss man wirklich zehn Minuten darüber nachdenken, ob man jemanden kennt? Ich konnte mir dieses Verhalten nicht erklären. Er verleugnete mich und ich fragte mich, warum er das tat. Die Antwort auf diese Frage bekam ich bald darauf von meiner Großmutter. Sie erzählte mir eine unglaubliche Geschichte, die meinen ohnehin schon stark geschädigten Glauben an das Gute im Menschen aufs Neue zutiefst erschütterte.

Als meine Mutter starb, waren meine Eltern bereits geschieden und mein Vater war weggezogen. Nach dem Tod meiner Mutter trat das Jugendamt an ihn heran mit der Bitte, mich zu sich zu nehmen. Er entschied sich dafür, das nicht zu tun und unterschrieb eine entsprechende Verzichtserklärung. Eine unfassbare Entscheidung, deren Kenntnis mich wie ein Vorschlaghammer traf. Nun ergab sein Verhalten am Telefon auch Sinn.

Meine Großeltern erfuhren, dass mein Vater es abgelehnt hatte, mich aufzunehmen. Sie versuchten nun ihrerseits, mich bei sich aufnehmen zu dürfen. Der Gedanke, nach der Tochter nun auch noch die einzige Enkeltochter zu verlieren, war für sie unerträglich. Doch all ihre Bemühungen wurden seitens des Jugendamtes abgeschmettert. Man sagte ihnen, dass sie zu alt wären um ein sechsjähriges Kind aufzuziehen. Vater Staat hatte somit beschlossen, dass es besser wäre, mich in ein Heim zu stecken, statt mir die Möglichkeit zu geben, bei Menschen, die mich lieben, ein normales Leben führen zu können. Nachdem ich im Heim untergebracht war, verbot man meinen Großeltern jeglichen Kontakt zu mir. Ich hatte damit auf einen Schlag Mutter, Vater und Großeltern verloren und wurde somit aller Aussicht auf eine Liebe und Geborgenheit gebende Familie beraubt. Aber damit ist die Verlustliste noch nicht komplett

Als ich fünf Jahre alt war, bekam ich noch Geschwister. Meine Schwester Jeanette und meinen Bruder Pierre. Ein Zwillingspärchen, wie es unterschiedlicher nicht hätte sein können.

Das fand ich heraus, als ich beide etwa zwanzig Jahre später ausfindig machte. Bis zu meinem achtzehnten Geburtstag hatte ich laut Gesetz nicht das Recht, zu meinen Geschwistern Kontakt aufzunehmen. Da sie mich nicht kannten und vielleicht auch nicht wüssten, dass sie adoptiert sind, würde ich im schlimmsten Fall eine intakte Familie zerstören. So oder so ähnlich war der Wortlaut.

Meine Geschwister hatten von ihren Adoptiveltern neue Vornamen bekommen. Bei adoptierten Kindern, die noch nicht ein Jahr alt waren, war das per Gesetz erlaubt. Somit musste ich mich zu allererst daran gewöhnen, dass meine Schwester nun Anne und mein Bruder Michael hieß. Daran gewöhnte ich mich jedoch nie wirklich und ich sprach zumindest meinen Bruder immer mit seinem richtigen Namen an. Ich fand das einfach furchtbar und vor allem unsinnig. Sie hatten so schöne Namen von unserer Mutter bekommen, die jetzt nur noch als zweite Vornamen aufgeführt wurden.

Nachdem ich meine Schwester das erste Mal angerufen hatte, erhielt ich kurz danach einen Rückruf von ihrem Vater. Er wollte sicher gehen, dass ich die war, für die ich mich ausgab. Es stellte sich heraus, dass man ihnen damals nicht gesagt hatte, dass es mich gab. Zumindest behauptete er das. So überrascht, wie er über die Tatsache war, dass seine Kinder eine ältere Schwester haben, war ich bereit, ihm das zu glauben. Meine Schwester kam mich bald darauf besuchen. Wir verstanden uns ganz gut, aber ich habe sie nur dieses eine Mal gesehen. Wir hatten danach nur noch sporadisch Kontakt.

Ganz anders war das mit meinem Bruder. Wir waren uns vom ersten Augenblick an so vertraut, als wären wir nie getrennt gewesen. Es gibt Menschen, die müssen sich nur ansehen und wissen sofort, dass sie irgendwie zusammen gehören. So war das bei uns. Wir verbrachten so viel Zeit wie möglich miteinander und wenn er nicht bei mir sein konnte, telefonierten wir oft stundenlang. Pierre war damals bei der Armee. Er wollte dort Karriere machen und viel Geld verdienen, was ihm sicher auch gelungen wäre.

Eines Tages erzählte er mir, er hätte sich freiwillig für einen Auslandseinsatz in einem

Kriegsgebiet gemeldet. Solche Einsätze waren sehr förderlich für die Karriere und sehr lukrativ, aber auch ebenso gefährlich. Ich war damit überhaupt nicht einverstanden, konnte ihn aber nicht umstimmen. Wie erleichtert war ich jedes Mal, wenn er sich von dort meldete und sagte, dass es ihm gut geht. Nach seiner Rückkehr kam er mich sofort für ein paar Tage besuchen. Bei einem langen Gespräch erzählte ich ihm unter Tränen von meiner größten Sorge.

Meine Kinder hatten ihr Zimmer ziemlich ramponiert. Da war Tapete abgerissen, Schränke beschädigt und der Teppich verschmutzt. Mir ging es zu der Zeit finanziell nicht sehr gut und so fehlte mir das Geld, um all diese Sachen in Ordnung zu bringen. Pierre verlor nicht viele Worte darüber und so packten wir am nächsten Tag die Kinder ins Auto und fuhren ins nächste Einrichtungshaus. Mein Bruder richtete das Kinderzimmer komplett neu ein. Angefangen vom Teppich bis hin zur Bettwäsche. Es war einfach unglaublich. So etwas Selbstloses hatte noch nie jemand für mich getan. Meine Kinder waren begeistert und ich konnte nicht aufhören, ihm zu sagen, wie sehr ich ihn liebe.

Bei den Gesprächen mit meiner Schwester erfuhr ich, wie ihrer beider Leben verlaufen war. Sie wurden von liebevollen Eltern groß gezogen und hatten ein schönes zu Hause gehabt. So wie es sein sollte. Mit Pierre gab es aber immer Probleme. Er war ein Rebell und hielt sich nicht an Regeln. Er wurde schnell aggressiv und seiner Schwester gegenüber sogar gewalttätig. Sie erzählte mir von schlimmen Prügelattacken und wilden Beschimpfungen, die auf sie nieder gingen. Als beide im Teenager-Alter waren hassten sie sich schon leidenschaftlich. Bei Zwillingen ist das eher selten, so weit ich weiß. Ich wollte einfach nicht glauben, was ich da hörte. Es heißt doch, dass gerade Zwillinge eine ganz besondere Bindung zueinander haben. Das war bei meinen Geschwistern leider nicht der Fall.

Da auch die Eltern der beiden Pierres Verhalten machtlos gegenüber standen, verließ er mit fünfzehn Jahren die Familie und wurde ins Heim gesteckt. Von da an ging er seinen eigenen Weg, der ihn später auch zu mir führte. Als ich dann mit ihm über seine Familie sprach, bestätigte er das, was meine Schwester mir erzählt hatte. Allerdings konnte er nicht erklären, woher dieser Hass auf Jeanette kam. Mir gegenüber verhielt sich Pierre von Anfang an liebevoll, mitfühlend und sorgte völlig uneigennützig für mich.

Aber wie so oft in meinem Leben war auch das nicht von Dauer. Ein paar Jahre danach verunglückte mein Bruder tödlich bei einem

Autounfall. Wir hatten gerade erst beschlossen, dass ich ihn besuchen komme, da wir uns lange nicht gesehen hatten. Aber dazu kam es nicht mehr. Und wie schon beim ersten Mal hatte ich nicht die Möglichkeit, mich zu verabschieden. Mir bleiben nur die Erinnerungen an einen wundervollen, lieben Menschen, der mein Leben für kurze Zeit sehr bereicherte.

Als ich nach dem Tod meines Bruders nach langer Zeit wieder Kontakt zu meiner Schwester aufnahm, hatten wir ein langes Gespräch über ihn. Sie war fassungslos, als ich erzählte, wie Pierre sich mir gegenüber verhalten hatte. Ich beschrieb ihr einen Menschen, den sie nicht kannte. Den sie gehasst hatte bis zu seinem Tod. Und wie sich herausstellte wohl auch darüber hinaus, denn an seiner Bestattung nahm sie nicht teil. Das war für mich unfassbar. Ich selbst war auch nicht dabei, da ich erst Wochen später von seinem Tod erfuhr. Niemand hielt es damals für nötig, mich zu informieren. Vielleicht war das aber auch gut so, denn als ich hörte, wie man ihn beigesetzt hatte, konnte ich nicht aufhören zu weinen.

Seine Familie wählte wohl die preiswerteste Variante um das Kapitel Pierre abzuschließen. Er wurde eingeäschert und seine Urne befindet sich in einer Steinmauer auf einem Friedhof weit weg von mir. Auf dem metallenen Schild, welches seinen Platz markiert, steht lediglich sein Name. Vor dieser Mauer befindet sich ein gepflegter Rasenstreifen, auf dem es nicht gestattet ist, Blumen abzulegen. Eine Reise dorthin war mir aus finanziellen Gründen bis heute nicht möglich. Jedoch ist eine gemeinsame Freundin dort gewesen um Abschied zu nehmen. Sie rief mich vom Friedhof aus an und weinte bitterlich. Sie riet mir, niemals dorthin zu fahren, weil es zu traurig sei. Es machte auf sie den Eindruck, als hätte man ihn einfach nur schnell verscharrt um ihn dann zu vergessen. Der Gedanke allein ist für mich schon unerträglich. Also werde ich den Weg dorthin wohl nicht auf mich nehmen. Zu meiner Schwester habe ich seit dem überhaupt keinen Kontakt mehr. Ich kann ihr diese Herzlosigkeit nicht verzeihen. Auch wenn die beiden nicht viel für einander übrig hatten, hätte sie nichts davon abhalten dürfen, ihm das letzte Geleit zu geben und sich zu verabschieden. Wenn schon nicht aus Liebe dann doch wenigstens aus Loyalität und Anstand. Beides brachte sie nicht auf und das ist für mich unverzeihlich.

Seit dem Tag ihrer Geburt liebte ich meine Geschwister sehr und da ich erst zu Hause und dann später im Heim mit ihnen zusammen war, konnte mir deren Existenz auch niemand ausreden. Aber genau das wurde versucht. Es war einfach unglaublich, mit welcher Dreistigkeit die Betreuer im Heim auf mich einredeten. Sie nahmen wohl an, dass ich auf Grund meiner schlechten mentalen und emotionalen Verfassung diese Lüge irgendwann glauben würde. Sie sagten mir, dass diese beiden Babys nicht meine Geschwister sind. Dass ich mir das nur einbilde, weil ich gern Geschwister hätte, um mich nicht so allein zu fühlen. Ich wusste jedoch, dass das Unsinn war. Wie schon gesagt, mein Erinnerungsvermögen war erstaunlich. Es sind immer wieder einzelne Situationen, die sich fest einprägten. Und so war das auch damals.

Meine Mutter stand am Herd und kochte. Sie hatte mir ein Baby auf den Arm gelegt und ich sollte ihm die Flasche geben. Nach einer Weile fing mein Arm an zu zittern, weil das Baby immer schwerer wurde. Ich fing schon fast an zu weinen, weil ich Angst hatte, es fallen zu lassen. Auch traute ich mich nicht, meiner Mutter etwas zu sagen, denn ich wollte ihr doch unbedingt helfen. Als sie sich zu mir umdrehte, sah sie meine Qual und nahm mir das Baby ab. Sie strich mir zärtlich übers Haar und lobte mich für meine Hilfe. Ich fühlte mich unendlich glücklich. So etwas vergisst man doch nicht. Ich habe auch nicht vergessen, dass mein Bruder einmal vom Sofa fiel und sich dabei an einem Tischbein den Kopf aufschlug. Er behielt eine kleine Narbe davon zurück und die sah ich jeden Tag. Ich habe den Betreuern sogar davon erzählt. Also wieso waren diese Leute der Meinung, ich würde auch nur eine Sekunde lang glauben, dass die beiden Kleinen nicht meine Geschwister sind? Vielleicht hielten sie mich alle für völlig verblödet und vielleicht habe ich sie auch so angesehen, als sie versuchten, mir diese Lüge einzutrichtern. Aber dann sicher nur, weil ich so geschockt war und es einfach nicht glauben konnte. Dieser Gesichtsausdruck kam noch oft in meinem Leben zum Vorschein, aber davon später mehr.

Da wir sofort zur Adoption frei gegeben wurden, dauerte es nicht lange, bis sich Interessenten meldeten. Allerdings betraf das nur meine Geschwister. Die waren erst knapp ein Jahr alt und würden sich somit später nie an das Vorangegangene erinnern können. Bei einem sechsjährigen Kind, wie ich es war, ist das schon etwas anders. Lange Rede, kurzer Sinn – der Papierkram war schnell erledigt und Pierre und Jeanette verschwanden aus meinem Leben. Ich durfte mich nicht einmal verabschieden. Natürlich fragte ich wiederholt nach den beiden. Ich bekam sogar eine ehrliche Antwort. Man sagte mir, dass die beiden jetzt ein neues zu Hause hätten. Doch als ich fragte, warum ich nicht mit durfte, bekam ich als Antwort nur ein müdes Lächeln. Meine kleine Welt, die schon so sehr aus den Fugen geraten war, stürzte nun völlig in sich zusammen. Ich weiß nicht, ob man als sechsjähriges Kind schon Depressionen haben kann, aber ich glaube, ich war depressiv. Ich weinte sehr viel und aß sehr wenig. Fast jede Nacht machte ich ins Bett oder wachte aus bösen Träumen auf. Immer wieder ging ich in das große Zimmer, in dem die Kleinsten untergebracht waren und suchte die Gitterbettchen nach meinen Geschwistern ab. Doch sie waren nicht mehr da. Ich hatte alles, was mir an Familie noch geblieben war, verloren und blieb allein zurück. Etliche Jahre später wurde endlich ein Gesetz verabschiedet, in dem es hieß, dass Geschwister nicht mehr getrennt adoptiert werden dürfen. Für mich kam das leider zu spät.

Die andere Dimension

Ich kann mich erstaunlich gut an meinen ersten Heimaufenthalt erinnern. Nachdem meine Geschwister weg waren, bot man mich wie eine Ware immer wieder potentiellen Adoptiveltern an. Doch niemand wollte mich haben. Ich war zu alt und noch dazu hatte ich in meinem kurzen Leben schon sehr viel Leid ertragen müssen. Wenn man sich entscheidet, solch ein Kind zu adoptieren, dann muss man ihm alle Liebe angedeihen lassen, derer man fähig ist.

Meine körperliche und seelische Verfassung war damals sehr schlecht. Ich war einfach zu klein, um das alles zu verstehen oder geschweige denn, verarbeiten zu können. Jahre später habe ich mal ein Foto von mir aus jener Zeit gesehen und war zutiefst erschrocken. Ich war spindeldürr, hatte fransiges, fast weißes Haar und schielte auf dem rechten Auge. Zu dem hatte ich noch nervöse Zuckungen und stotterte ein wenig. Wer sollte so ein hässliches, kleines Nervenbündel jemals lieb haben?

Ich hatte mich bis dato langsam an den Alltag im Heim gewöhnt und versuchte, diesen Ort als mein zu Hause zu akzeptieren. Freunde hatte ich kaum und die Erzieher waren zu beschäftigt, um auf die Bedürfnisse eines Einzelnen einzugehen. Die Fürsorge im Heim belief sich auf die körperliche Versorgung, so etwas wie Liebe gab es nicht. Meines Erachtens hätte ich bereits damals psychologische Hilfe bekommen müssen, aber dieser Schritt erfolgte erst Jahre später.

Die meiste Zeit war ich für mich allein und ich wünschte, es wäre so geblieben. Aber dann kam der Tag, an dem sich mein Leben ändern sollte. Wieder einmal war ein Ehepaar vor Ort, um mich zu begutachten. Diese beiden Menschen, die mich da begafften, sollten bald darauf meine Eltern werden. In meinem Buch verwende ich nicht ihre Namen sondern nur deren Anfangsbuchstaben. Ich tue dies nicht aus Gründen der Diskretion sondern aus Mangel an Respekt. Als ich H und R das erste Mal gegenüber stand, hatte ich sehr gemischte Gefühle. Man könnte sagen, dass ich mich zu H sofort hingezogen fühlte, während ich R nur misstrauisch betrachtete. Diese große, massige Frau mit den kalten Augen flößte mir von Anfang an Angst ein. Wie untrüglich und gerechtfertigt dieses Gefühl war, davon hatte ich zu diesem Zeitpunkt kein Ahnung.

Mit mir wurde seitens des Heimes immer die Mitleidstour versucht. Stets wurde ich vorgestellt als die allein zurück gebliebene, ältere Schwester, die niemand haben wollte. Warum sie das taten, weiß ich nicht. Es war wahrhaftig nicht nötig. Man brauchte mich nur anzuschauen und wusste sofort, da steht ein Häufchen Elend.

Bei diesen obligatorischen Vorführungen meiner Person war ich immer völlig verängstigt. Man steckte mich in ein hübsches Kleid und versuchte, meine strähnigen Haare zu einer halbwegs ansehnlichen Frisur zu gestalten. Doch all das konnte nicht das Wesentliche überdecken. Trotz allem wollten H und R mit mir in die so genannte Testphase gehen. Das bedeutete anfänglich nur Aufenthalte übers Wochenende bei den beiden. Für mich war das wie der Übergang in eine neue Dimension. Die ersten Wochenenden strömte so viel Neues auf mich ein. H und R hatten ihre gesamte Verwandtschaft davon in Kenntnis gesetzt, dass sie vorhatten, ein Kind zu adoptieren. So lernte ich im ersten Monat sehr viele neue Menschen kennen. Ich wurde von allen herzlich aufgenommen und noch dazu mit Geschenken überhäuft.

Trotz all dieser positiven Eindrücke gelang es mir nicht, mich an den Gedanken zu gewöhnen, dass es nun ein neues zu Hause für mich gab. Dass all diese Menschen meine neue Familie waren. Am abwegigsten war für mich die Vorstellung, R Mutter zu nennen. Ich hatte doch meine Mutter gerade erst verloren und einen Ersatz konnte ich nicht akzeptieren. So sprach ich anfangs nur sehr wenig und versuchte, die persönliche Anrede ganz und gar zu vermeiden. Nach der Probezeit, die sich auf zwei Monate belief, stand für H und R fest, dass sie mich adoptieren würden. Bis dieser Schritt aber wirklich formell vollzogen wurde, vergingen weitere zwei Jahre. Somit wurde die Sache also erst amtlich, als ich bereits acht Jahre alt war. H. sagte später einmal zu mir, als er mich das erste Mal sah, wusste er, dass er mich nie mehr hergeben würde. Eine infame Lüge, wie sich noch herausstellen sollte.

Gutes Benehmen

Als sechsjähriges Kind standen die Chancen damals ziemlich schlecht für mich, noch adoptiert zu werden. Normaler Weise wäre das traurig gewesen, aber wenn H und R sich damals nicht für mich entschieden hätten, wäre der Rest bestimmt nur halb so traurig geworden. Aber ich wurde ja nicht gefragt.

Während meines Aufenthaltes im Kinderheim wurde natürlich die Erziehung nicht vernachlässigt. Wie überall gab es auch bei uns Regeln, an die sich jeder zu halten hatte. Eine dieser Regeln war, dass jedermann bei jeder Mahlzeit den Tisch nicht verlassen durfte, bevor er aufgegessen hatte. Jeder bekam so viel, wie er wollte, musste dann aber seinen Teller leer essen.

H und R kamen immer Freitags, um mich abzuholen. Da sie berufstätig waren, fiel das einmal genau auf die Abendbrotzeit. Unsere Speisetafel war sehr lang und stand parallel zur Eingangstür. Ich saß so, dass ich auf die Tür sehen konnte. Wir waren also bereits beim Essen, als H und R eintrafen. Sie standen in der Tür und schauten zu mir herüber. Die Kinder an der Türseite sprangen fast alle auf und liefen zu ihnen hin. Mir war das ziemlich egal. Ich hatte eine angebissene Stulle auf meinem Teller und für mich stand fest, dass ich den Tisch nicht verlassen würde, so lange ich nicht aufgegessen hatte. Das war bei uns so üblich und daran habe ich mich gehalten. Als ich fertig war, stand ich auf, ging um den Tisch herum und begrüßte H und R. Für R war meine Reaktion vollkommen unverständlich, wie sich später herausstellte. Denn eben dieses Verhalten machte sie mir noch Jahre später immer wieder zum Vorwurf. Sie war der Meinung, das war böse Absicht und ich hätte damit von Anfang an beweisen wollen, dass ich mache, was ich will. Das wiederum ist mir nun unverständlich. Gerade R als überaus ordnungsliebender Mensch hätte doch eigentlich in Freudentränen ausbrechen müssen, da ich auch im Moment höchster, freudiger Erregung nicht die Regeln verletzt hatte. Und gerade, weil sie voraussetzte, dass ich freudig erregt war, hätte sie vor Stolz platzen müssen, denn ich war ja die Beherrschung in Person. Statt dessen regte sie sich immer wieder darüber auf. Das war absolut widersprüchlich und somit auch absolut typisch für R. Schließlich musste immer der Schein gewahrt bleiben, dass sie im Recht ist.

Ich frage mich heute noch, warum ich überhaupt adoptiert wurde. Wie bereits erwähnt erfolgte dieser Schritt erst, als ich bereits acht Jahre alt war. Wenn also R schon damals so von meiner Schlechtigkeit überzeugt war, wieso bestand sie dann auf einer Adoption? Noch ein Widerspruch.

Zu allem Übel war ich am Tag der Amtshandlung auch noch krank. H und R wollten einen feierlichen Tag daraus machen und ich lag mit Fieber im Bett. Natürlich war das meine Schuld und R machte mir auch das wieder zum Vorwurf. Ich hätte mich nicht genügend vorgesehen, sagte sie. Fehlte nur noch die Behauptung, ich hätte das absichtlich getan.

Ich wurde zu Hause allein gelassen und H und R fuhren hin, um die Papiere zu unterzeichnen. Was für ein großer Tag. Für mich gab es nicht einmal ein liebes Wort. Na das zeigt doch, welch intensive elterliche Gefühle beide für mich hegten.

Das nicht geheime Tagebuch

Ich wuchs in der DDR auf und für die dortigen Verhältnisse konnte man uns als gut bürgerliche Familie bezeichnen. H und R hatten jeweils noch Geschwister, von denen ein Teil im Westen lebte. In den ersten Jahren, die ich bei H und R verbrachte, machte sich das an Weihnachten und Geburtstagen für mich sehr bezahlt. So bekam ich, als ich zwölf war, ein Tagebuch geschenkt. Es war ein sehr schönes Buch. Aus braunem, weichem Leder, mit einem goldenen Verschluss. Aber was noch viel wichtiger war, mit zwei kleinen, goldenen Schlüsseln. Ich ahnte anfangs nicht, wie wichtig dieses Tagebuch für mich werden würde. Natürlich fing ich an, Erlebnisse des Alltags dort aufzuschreiben. Bald kamen jedoch auch meine geheimen Wünsche und mein Kummer dazu. Zum ersten Mal im Leben hatte ich jemanden gefunden, dem ich alles erzählen konnte. Ich nannte mein Tagebuch Gerda. Das war der Name meiner Mutter.

Ich schrieb täglich meine Sorgen dort hinein und konnte somit wenigstens einen Teil der schon seit Jahren getragenen Last von mir nehmen. Die Tatsache, dass es abschließbar war, machte mich sicher, dort alle Gedanken, Gefühle und Geheimnisse lassen zu können. Die Schlüssel für mein Tagebuch trug ich immer bei mir. Man bekam es natürlich auch mit jeder Nagelschere auf, aber ich dachte nicht, dass das jemand tun würde. Aber ich wurde eines besseren belehrt, denn R tat es. Es war immer ihr Ziel, mir in irgendeiner Weise seelischen Schaden zuzufügen. Aber diese Sache erwies sich als Eigentor, denn sie schädigte sich selbst. Sie muss geahnt haben, was ich in dieses Buch geschrieben hatte.

Eines Tages kam ich von der Schule nach Hause und fand mein Tagebuch geöffnet auf meinem Schreibtisch. Wieder einmal brach eine Welt in mir zusammen. Wieder einmal demonstrierte R ihre Macht. Wie üblich durch Anmaßung und Überheblichkeit. Die Dinge, die sie von mir uneingeschränkt forderte, nämlich Achtung, Respekt und Liebe, brachte sie mir nicht mal ansatzweise entgegen.

Ich hatte R nie gemocht aber in diesem Moment habe ich sie gehasst. Es folgte eine dieser Szenen, die ich schon so oft erlebt hatte und bei denen mein Ego buchstäblich nieder geknüppelt wurde. R baute sich vor mir auf, hochrot, die Empörung in Person und verlangte eine Erklärung für das, was dort geschrieben stand. Dabei war alles, was sie in meinem Tagebuch gelesen hatte, Erklärung in sich selbst und kein gesprochenes Wort hätte dies irgendwie mildern können. Ich versuchte nicht, mich oder das Geschriebene zu verteidigen. Schon lange hatte ich dieses sinnlose Unterfangen aufgegeben. Es waren einfach schon zu viele Worte gesprochen worden. Es waren immer dieselben und von Mal zu Mal verloren sie an Bedeutung, bis sie irgendwann völlig von mir abprallten.

Ich stand also schweigend vor R und wartete auf die obligatorische Ohrfeige oder Schlimmeres, aber nichts geschah. Sie ließ mich stehen und schloss sich im Bad ein. Nach einer Weile hörte man von dort theatralisches Schniefen und Schluchzen. Für mich war das unerträglich, weil ich wusste, wie verlogen das Ganze war, was sie dort tat. Sie versuchte, Mitleid zu erregen und ironischer Weise hatte ich auch Mitleid, denn ich hatte selten eine so erbärmliche Vorstellung erlebt. Zu dieser Zeit hasste ich R schon so sehr, dass mir oft schlimme Gedanken durch den Kopf gingen. Zum Beispiel hätte ich ihr gern ein Messer in den Rücken gestochen, nur um zu sehen, ob diese Frau in der Lage wäre, echte Tränen zu vergießen. Natürlich kam so etwas nicht wirklich in Frage und so musste ich mich anders verteidigen.

Ich hatte damals meine Mauer aus Schweigen und Gleichgültigkeit im Laufe der Jahre so hoch gebaut, dass nichts mehr an mich herankam. Schläge musste ich hinnehmen, aber die endlosen Vorträge auf höchster, moralischer Ebene verpufften. Das Lieblingswort von R für mich war Miststück oder besser noch verkommenes, verlogenes Miststück. Welch ein Hohn.

Nach der Angelegenheit mit dem Tagebuch sprach sie tagelang nicht ein einziges Wort mit mir. Zu allem Übel war sie auch noch krank geschrieben zu der Zeit und somit den ganzen Tag zu Hause. Es war grauenhaft, mit dieser Person auf engstem Raum zusammen sein zu müssen. So verbrachte ich die meiste Zeit draußen, egal bei welchem Wetter. Wie oft habe ich mich geschämt, weil ich um des lieben Friedens willen ihr gesagt hatte, was sie hören wollte. Wenn ich dann die Genugtuung sah, die sich in ihrem feisten Gesicht ausbreitete, wurde mir immer speiübel. In solchen Momenten wurde der Wunsch fast übermächtig, die Fäuste zu ballen und auf dieses Gesicht einzuschlagen. Diese Frau war wie ein stetig tröpfelndes Gift, das langsam die

Substanz zerfrisst. Manchmal fragte ich mich, ob sie überhaupt zu einer liebevollen Berührung fähig wäre. In meinen Augen bestand R nur aus messerscharfen Kanten und man würde sich unweigerlich verletzen, wenn man sie berührte.

Und es kam der Tag, an dem ich versuchte, das herauszufinden. Das war nicht geplant, es ist einfach passiert. Ich bekam wieder einmal für irgendetwas Prügel und dabei war dann endgültig die Schmerzgrenze erreicht. Ich schlug wie wild drauf los und da R sehr groß war, trommelte ich mit meinen Fäusten auf ihre Brust. Rasend vor Wut und Hass war ich in diesem Zustand kaum zu bändigen. Ich weiß nicht mehr, wie lange es dauerte, bis ich mich halbwegs beruhigt hatte. R war so schockiert von diesem Ausbruch, dass sie mich vorerst in Ruhe ließ. Ich wurde in mein Zimmer gesperrt mit der Auflage, darüber nachzudenken. Ich weiß nicht, wie oft ich diesen schwachsinnigen Satz gehört habe. Haben sie jedes Mal, wenn ich verprügelt wurde, hinterher darüber nachgedacht? Tat es ihnen vielleicht sogar leid? Wenn ja, dann habe ich nichts davon gemerkt, denn die nächsten Schläge kamen mit derselben Wucht wie die Vorherigen. Aber an diesem einen Tag saß ich in der Einsamkeit meines Zimmers und genoss das unglaublich gute Gefühl, mich gewehrt zu haben. Der erschrockene Gesichtsausdruck bei R, als ich auf sie einschlug, blieb mir für immer im Gedächtnis. Dieser Vorfall brachte dann auch eine Wende.

Ich ließ H und R meinen Hass auf jede denkbare Weise spüren. Ich sprach mit beiden so gut wie kein Wort mehr. Meine Leistungen in der Schule fielen ab, ich fing an, in Kaufhallen zu stehlen und belog die beiden von vorn bis hinten. Außer den obligatorischen Standpauken und den Schlägen gab es noch Hausarrest und Fernsehverbot. Außer den Schlägen ließ mich alles kalt. Wer lässt sich schon gern schlagen? Der Rest war für mich keine Strafe. Die Vorträge nahm ich kaum wahr und die meiste Zeit war ich aus meinem Zimmer sowieso nicht rauszukriegen. Im Grunde standen H und R meinen Ausschweifungen machtlos gegenüber und merkten es nicht einmal. Vorerst jedenfalls nicht. Als sie sich dessen bewusst wurden, gab es natürlich nur eine Lösung. Ich musste zurück ins Heim. Ich hatte das schöne zu Hause und die liebenden Eltern nicht gebührend geehrt. Was für eine Sünde.

Ich versuche das manchmal heute noch nachzuvollziehen. Man holt sich ein bereits sechs Jahre altes Kind aus dem Heim, das alles verloren hat. Dann versucht man es mit Gewalt in eine Form zu pressen, aus der man es dann

Jahre später wohlgeformt herausnehmen kann. Aber was tun, wenn das nicht klappt? Dann kommt eben das nicht so leicht formbare Material auf den Müll, zum Ausschuss. Dieser gesellschaftliche Ausschuss aber sammelt sich in den Kinderheimen. Der Kreis hat sich geschlossen. Und er öffnet sich erst wieder, wenn man seine ganze Kraft zusammennimmt und ausbricht. Wenn man sich nicht mehr sagen lässt, dass man Ausschuss ist. Ich habe diesen Schritt geschafft.

Kleine Erwartungen und große Gemeinheiten

Als ich anfing, bei H und R zu leben, hatte ich eigentlich keine großen Erwartrungen. Alles, was ich wollte, war Zuneigung, Geborgenheit, Verständnis und elterliche Liebe. Das waren wohl zu große Erwartungen, wie sich zeigen sollte.

H und R waren ein ziemlich ungleiches Paar, deren eigentlich interne Dispute in den letzten Jahren, die ich dort war, auch oder nur auf meinen Schultern ausgetragen wurden. Bereits nach einigen Jahren fiel mir auf, dass beide nicht mehr das eheliche Bett teilten. H schlief grundsätzlich im Wohnzimmer auf der Couch. Ich wollte ihn einmal darauf ansprechen, ließ es dann aber doch bleiben. Auch wenn sie vor anderen das glückliche Paar spielten, wusste ich doch, dass sie alles andere als das waren.

R hatte die Monopolstellung bei uns inne. In den Jahren, die ich dort verbrachte, erlangte sie in deren Ausübung eine wahre Perfektion. H hatte dem nicht viel entgegenzusetzen, was ich allerdings bis heute nicht verstehen kann. Ich möchte mich wirklich nicht an dem Klischee orientieren, dass der Mann zu Hause die Hosen anhaben sollte, aber H war nun wirklich das ganze Gegenteil davon. Dass H und R, auch was die Statur betraf, sehr gegensätzlich waren, machte die Sache nicht gerade einfacher. Natürlich startete auch H ein paar Angriffe, in deren Verlauf er aber sehr schnell inkonsequent wurde.

Als sehr schön und vor allem erholsam empfand ich deshalb die Zeiten, in denen R zur Kur war. Aus gesundheitlichen Gründen war das öfter der Fall. Die Zeit ihrer Abwesenheit belief sich dann meist auf vier Wochen. Je älter ich wurde, desto mehr gewann ich den Eindruck, dass auch H sich erholte, wenn R nicht da war.

Ich hatte zu H von Anfang an ein ganz anderes Verhältnis als zu R. Vielleicht fühlte ich mich Anfangs durch die Präsenz seiner Schwäche zu ihm hingezogen. Später änderte sich dies aber, weil ich dann bei den häuslichen Machtkämpfen die Leidtragende war. H war ein Mann des Wortes, wenn man das so sagen kann. R dagegen schritt immer gleich zur Tat. Ich hatte demzufolge, wenn R nicht da war, nie Angst Schläge zu bekommen. Und das war schon sehr beruhigend. H nahm sich die Zeit, mit mir zu sprechen und mir zuzuhören. Er sah mich in solchen Augenblicken als gleichwertig an, was sehr gut tat. R sah mich stets als dumme Göre. Obwohl meine Intelligenz Respekt einflösste, versuchte sie dies mit plumpen Angriffen zu überspielen. Wenn das nicht ging, dachte sie sich andere Schikanen aus.

R schleppte mich, als ich ungefähr neun Jahre alt war, von einem Psychologen zum anderen. Warum, weiß ich bis heute nicht. All die Untersuchungen hatten jedenfalls immer dasselbe Ergebnis. Mir wurde ein IQ bescheinigt, wie ihn nur zehn von hundert Kindern haben. Im positiven Sinne, versteht sich. Das zeigte sich natürlich auch in meinen schulischen Leistungen, aber das war R wohl zu einfach. Sie übte zunehmend Druck auf mich aus, dass ich darunter zu ersticken drohte. Es war einfach nichts gut genug.

Ich war in der zweiten Klasse und ich hatte zeitweise Konzentrationsschwierigkeiten. Wir hatten ein Diktat geschrieben und ich machte eben diese Fehler, die unweigerlich passieren mussten. Ständig den Gedanken im Hinterkopf, ja nichts falsch zu machen, vergaß ich dann ein i-Pünktchen oder ein Komma. Ich weiß es nicht mehr so genau. Jedenfalls bekam ich eine Zwei für diese Arbeit. Akzeptabel oder? Nun, R sah das etwas anders. Ich bekam eine Ohrfeige und eine Standpauke. Es mangele mir an Ehrgeiz und Zielstrebigkeit, hieß es. Mein Gott, diese Worte konnte ich damals noch nicht einmal definieren. Ich war ein Häufchen Elend, mir keiner Schuld bewusst und enttäuscht über so viel Ungerechtigkeit. Wenn H in solchen Momenten versuchte, mich in Schutz zu nehmen, dann war einer dieser besagten Machtkämpfe unausweichlich. Diese gestalteten sich so, dass R das Zimmer verließ. Empört und beleidigt, versteht sich. Und dann kamen Sätze wie: „Wie kannst du es wagen, meine Autorität in Fragen zu stellen? Du machst mich ja lächerlich!" Oder „Wie stehe ich denn jetzt da?". Nun, wie stand sie schon da? Wie der überdimensionale Abklatsch einer Gouvernante. Es fehlte nur der Rohrstock. Aber für den ließ sich ja Ersatz finden. Wenn vom Schlagen die Hände wehtaten, dann gab es tolle Alternativen, die jeder normale Haushalt zu bieten hat. Zwei beliebte Objekte, die R besonders gut in der Hand lagen, waren die Suppenkelle und der Schuhanzieher. Diese Objekte bekam ich kurz nach dieser Episode mehrfach schmerzlich zu spüren, und das, obwohl ich mir keiner Schuld bewusst war.

Ich bekam auch Schläge für Dinge, für die ich absolut nichts konnte. So musste ich fast jeden Morgen eine schmerzhafte Ohrfeige in Kauf nehmen, weil ich bis zu meinem achten Lebensjahr noch Bettnässer war. Das war ich bereits im Heim und ich bin mir sicher, dass das keine körperliche Fehlfunktion war sondern psychische Ursachen hatte. Da sich meine Situation zu Hause jedoch nicht besserte, blieb dieses Problem bestehen. H und R hielten es nicht für nötig, etwas dagegen zu unternehmen. R war wohl der Meinung, wenn sie mir jedes Mal nach so einem Malheur ins Gesicht schlägt, würde sich das Problem mit der Zeit von selbst lösen. Ich überwand die Bettnässerphase. Wie das ging, weiß ich nicht. Ich weiß nur, dass die regelmäßigen Züchtigungen von R nichts mit dieser Heilung zu tun hatten.

Ich muss sagen, dass Schläge für mich ethisch und moralisch nicht vertretbar sind. Aber wenn man es trotzdem tut, sollte man wissen, wo die Grenze ist. R überschritt diese Grenze mehr als einmal. Es wurde so eine Art perverses Hobby von ihr, mir ins Gesicht zu schlagen.

Ich war damals Brillenträger und Brillenträger schlägt man nicht. Das hatte sich auch R zum guten Vorsatz gemacht. Wenn sie wieder einmal der Meinung war, es sei Zeit zur Züchtigung, dann baute sie sich vor mir auf und sagte in ruhigem, fast freundlichem Ton zu mir: „Nimm deine Brille ab!". Denn die hätte ja kaputt gehen können und das hätte ja wieder Geld gekostet. Eigentlich Blödsinn, denn ich bekam immer diese hübschen Kassenbrillen. Wenn ich dann so vor ihr stand, unfähig mich zu wehren und unfähig auch nur zu denken, dann muss sie so eine innere, perverse Freude empfunden haben, fast konnte man es ihr ansehen. Sie hatte dann ein Hauch von einem Lächeln im Gesicht. So ein undefinierbares, nur angedeutetes Lächeln, das die Augen niemals erreicht. Es hätte mich nicht gewundert, wenn ich in solchen Augenblicken Hörner auf ihrem Kopf entdeckt hätte.

Ich bestand nur noch aus Angst. Man muss sich das einmal vorstellen. Da stand ich nun als acht- oder neunjähriges Kind und wusste genau, gleich schlägt sie dich ins Gesicht. Gleich. Jetzt. Ich konnte nicht einmal atmen. Und es tat verdammt weh. Es tat weh im Gesicht und tief in mir drin. Diese Frau war wie ein Messer, das mir jeden Tag aufs Neue in den Rücken gerammt wurde. Eine

Symbolik, die tatsächlich spürbar war. Aber Schmerzen lassen nach. Ich lernte, damit umzugehen. Dabei half mir der Gedanke, dass ich irgendwann zurückschlagen würde. Auf welche Weise, spielte keine Rolle. Es sollte einfach nur schmerzhaft werden.

Wenn einer dieser schrecklichen Tage zu Ende ging und ich abends in meinem Bett lag, nahm ich meine Lieblingspuppe in den Arm. Sie war aus Stoff und somit schön weich. Ich erzählte ihr dann leise und unter Tränen, was mir Böses widerfahren war. Dabei wünschte ich mir immer, dass sie größer wäre, damit sie mich in den Arm nehmen könnte und nicht umgekehrt.

Manchmal wurde ich ohne Abendbrot ins Bett geschickt. Dann konnte ich stundenlang nicht einschlafen, weil mir der Magen knurrte. Oft gab ich dann vor, auf die Toilette zu müssen und trank dort soviel Wasser aus dem Hahn, dass mir übel wurde davon. Das Reden mit meiner Puppe lenkte mich vom Hunger ab und das Weinen machte mich schläfrig. Es wurde so eine Art Ritual, wenn ich einen schlimmen Tag hatte. Und davon gab es reichlich.

Die Puppe war das Einzige, was ich von zu Hause mitnahm, als ich Jahre später wieder ins Heim abgeschoben wurde. Sie begleitete mich auch dort durch schlimme Zeiten. Ich gab ihr nie einen Namen und ich habe sie heute noch. Sie erinnert mich jeden Tag daran, niemals zu vergessen.

Strafe muss sein

Für mich gab es bei H und R jede Art von Strafe, egal wie groß das "Vergehen" war. Die schlimmste Strafe waren natürlich Prügel. So etwas kann ein Kind einfach nicht verarbeiten. Noch dazu, wenn es sich keiner Schuld bewusst ist. Es gab jedoch noch eine Strafe, die mir sehr zu schaffen machte, die beiden aber offensichtlich viel Vergnügen bereitete. Vielleicht deshalb, weil sie sich dabei nicht anstrengen mussten.

Wenn ich mich am Abend fürs Bett fertig gemacht hatte und schlafen gehen wollte, dann wurde der Tag ausgewertet. Gab es etwas zu beanstanden, das nicht mit Prügel bestraft werden musste, wurde ich verbal nieder gemacht. Schläge gab es immer sofort, den Rest hoben sie sich für später auf. Irgendetwas war immer eine Bestrafung wert und wenn es noch so banal war. Auch das kleinste Vergehen wurde irgendwie geahndet.

Wenn ich also nicht geprügelt wurde, ließen sie mich abends stundenlang im Flur stehen. Am schlimmsten war diese Prozedur für mich an Dienstagen und Donnerstagen. Nach jeweils drei Stunden Training war ich abends so erledigt, dass ich nur noch ins Bett wollte. H und R wussten das ganz genau und machten sich dann einen Spaß aus der Bestrafung. Hatte ich an so einem Tag beispielsweise vergessen, den Müll raus zu bringen, wurde das natürlich mit keinem Wort erwähnt, bis ich ins Bett gehen wollte. As ich dann im Schlafanzug dastand und Gute Nacht sagte, kam der Hammer. Sie sagten mir, ich solle mich vorn in die Ecke im Flur stellen und darüber nachdenken, was ich falsch gemacht hätte.

Ich musste stets um zwanzig Uhr im Bett sein, aber wenn ich Flur stand, war das wohl egal. Ich versuchte mich auf das zu konzentrieren, was im Fernseher lief um nicht einzuschlafen. Wenn H und R dann endlich ins Bett gingen, was meist so gegen dreiundzwanzig Uhr der Fall war, durfte auch ich ins Bett. Manchmal dachte ich, sie hätten mich vergessen da im Flur aber da täuschte ich mich gewaltig. Es kam vor, dass ich mich einfach nicht auf den Beinen halten konnte. Wenn ich dann zusammengesackt auf den Knien saß, guckte einer von beiden um die Ecke. Das bedeutete dann einen Abend im Flur stehen obendrauf. Ich hörte es nie, wenn einer von ihnen aufstand um nach mir zu sehen und so handelte ich mir immer Extraabende ein. So sehr ich mich auch bemühte, keine Fehler zu machen, besonders an den Trainingstagen, es gelang mir nicht. Irgendetwas ging immer schief. Wenn es nicht der Haushalt war dann war es die Schule.

Der ständige Druck, dem ich über die Jahre hinweg ausgesetzt war, war meiner Meinung nach auch die Ursache dafür, dass ich bis zu meinem zehnten Lebensjahr noch ins Bett machte. In diesem Alter zwar nicht mehr regelmäßig, aber es kam noch vor. Es war stets der blanke Horror, wenn mir dieses Malheur passierte. Wenn ich R morgens beichtete, verdrehte sie anfangs nur die Augen, zog wortlos die Bettwäsche ab und stellte mich unter die Dusche. Im Laufe der Jahre jedoch änderte sich ihre Reaktion darauf zusehends.

Es fing damit an, dass sie mich angeekelt ansah. Bald darauf machte sie beim abziehen der Bettwäsche Würgeräusche. Nicht lange danach musste ich mich selbst um mein Bett kümmern. Dann sah sie mir dabei zu mit diesem angewiderten Gesichtsausdruck. Das war wirklich furchtbar, denn ich schämte mich auch so schon sehr. Irgendwann reichte es ihr wohl nicht mehr, mich mit Blicken fertig zumachen und sie fing an, mich zu beschimpfen. Die Blicke taten schon sehr weh aber Worte schmerzen noch schlimmer. Ich fühlte mich jedes Mal wie ein geprügelter Hund wenn Sätze kamen wie "Du bist widerlich!" , "Wie kann man in dem Alter noch ins Bett pissen!" und "Wasch dich gefälligst du Dreckschwein!".

In dem Jahr als ich zehn wurde, hatte ich das Pech, ausgerechnet in der Nacht zum Frauentag ins Bett zu machen. Ich erinnere mich noch sehr gut daran, dass ich in der Schule eine Karte für R gebastelt hatte. Die wollte ich ihr morgens am Frühstückstisch geben. Statt dessen hatte ich ein nasses Bett. Tolles Geschenk zum Frauentag!

Mir ist dieser Morgen so im Gedächtnis geblieben, weil es der Schlimmste war, den ich je bei H und R erlebte. Als R in mein Zimmer kam und sah was passiert war, hatte sie wohl endgültig die Schnauze voll von bösen Blicken und bösen Worten. Sie verpasste mir ohne Vorwarnung einen derben Schlag ins Gesicht. so dass ich aufs Bett fiel. Dann schrie sie mich an "Ich sollte dich den ganzen Tag in deiner Pisse liegen lassen!" Aber sie zerrte mich wieder hoch und zwang mich, die Bettwäsche abzuziehen. Dann nahm sie das Bettlaken, machte daraus ein Knäuel und schlug mir damit hart gegen den Kopf. Durch die Wucht des Schlages verlor ich das Gleichgewicht, schlug erst auf der Tischkante auf und ging dann mit samt einem Stuhl zu Boden. Ich bekam kaum noch Luft und schrie vor Schmerzen. Den blauen Fleck auf meinen Rippen sah man noch wochenlang.

Ich glaube, selbst wenn ich mir dabei einen Bruch zugezogen hätte, wäre R das egal gewesen. Es wurde ja nicht einmal die Möglichkeit in Betracht gezogen, dass ich mich bei dem Sturz ernsthaft verletzt haben könnte. R schleuderte mir die Bettwäsche ins Gesicht und schrie, dass ich die jetzt mit der Hand zu waschen hätte. Da ich immer noch weinend am Boden saß, mischte H sich ein. Er wagte die Behauptung, sie würde etwas überreagieren und half mir auf. Mit einem ihrer tödlichen Blicke brachte sie ihn zum schweigen. Er ging aus dem Zimmer und kümmerte sich in der Küche um das Frühstück. Ist ja immerhin die wichtigste Mahlzeit des Tages, sollte man also nicht vernachlässigen.

R drückte mir den Klumpen Bettwäsche in die Arme und beförderte mich mit einem schmerzhaften Tritt in den Hintern aus dem Zimmer. Weinend stand ich im Bad und wusste nicht, was ich tun sollte. Ich hatte immer noch meinen nassen Schlafanzug an, mir war kalt und übel, ich hatte Schmerzen und war völlig verstört. H kam ins Bad und sagte, ich solle mich jetzt langsam anziehen, sonst käme ich zu spät zur Schule. R blaffte ihn sofort an "Sie wird nirgendwo hingehen. Sie wird die Bettwäsche waschen und wenn es den ganzen Tag dauert." H war damit nicht einverstanden und sagte das auch. Damit war der Schlagabtausch zwischen den beiden eröffnet. Ich hätte mir nie träumen lassen, dass es so ausartet. Sonst bildeten sie eine gemeinsame Front gegen mich, denn ich war ja der Feind.

Sie gingen ins Wohnzimmer, wo H bereits den Kaffee auf den Tisch gestellt hatte. Da das Bad dem Wohnzimmer genau gegenüber lag, konnte ich alles mit ansehen, was sich dort abspielte. Sie schrieen sich gegenseitig an. Ich ging in den Flur und wollte ihnen sagen, dass sie aufhören sollen. Sie nahmen mich gar nicht wahr.

H versuchte mich in Schutz zu nehmen, was R vollends rasend machte. Sie griff sich eine Kaffeetasse vom Tisch und schleuderte sie H ins Gesicht. Der duckte sich jedoch rechtzeitig weg. Die Tasse landete an der Wand und ergoss dann ihren Inhalt auf den Boden. Hässliche braune Flecken zierten die Tapete und den Teppich. H war sprachlos. Ich stand zitternd und wie gelähmt im Flur. Es hätte nicht viel gefehlt und ich hätte mir erneut in die Hosen gemacht.

Als H bewusst wurde, dass ich alles mit angesehen hatte, kam er zu mir und brachte mich in mein Zimmer. Er gab mir Sachen aus meinem Schrank und schickte mich dann ins Bad zum duschen. As ich fertig war, wartete er bereits auf mich. Ich hielt ängstlich nach R Ausschau. Sie war indessen jedoch zur Arbeit gegangen. H sagte zu mir, dass ich nicht zur Schule gehen müsste, wofür ich sehr dankbar war. Ich hatte immer noch große Schmerzen und stand unter Schock. Die Gewalt, die sich sonst ausschließlich gegen mich richtete, hatte sich an diesem Morgen gegen H gerichtet. Es war mir einfach unbegreiflich, was ich da gerade erlebt hatte.

H saß mir gegenüber, trank seinen Kaffee und suchte nach den richtigen Worten. Er fand sie nicht.

Als er seinen Kaffe ausgetrunken hatte, meinte H, er müsse jetzt zur Arbeit. Ich musste ihm versprechen, etwas zu essen und hatte die Erlaubnis zum fernsehen. Die Bettwäsche sollte ich einfach in der Badewanne liegen lassen. Nachdem ich ängstlich meine Befürchtungen wegen R's Reaktion darauf geäußert hatte, versprach er mir, sich selbst nach Feierabend darum zu kümmern. Das beruhigte mich natürlich überhaupt nicht. R war es gewohnt, dass ihren Anordnungen Folge geleistet wurde. H wiederholte, ich solle mir keine Sorgen machen. Er würde das schon klären. Er riet mir jedoch, mich in meinem Zimmer aufzuhalten, wenn sie beide von der Arbeit nach Hause kämen. Zum Abschied nahm er mich in den Arm und sagte mir, dass er mich lieb hat. Das stürzte mich erneut in eine Krise, aus der ich keinen Ausweg fand. Ich meine, wenn dem wirklich so war, warum hatte er mir nicht früher geholfen? Warum hatte er nicht verhindert, dass diese schreckliche Frau mir solche Schmerzen zufügte und mich behandelte wie Dreck? Es passte einfach nicht.

Ich hatte zwar versprochen zu essen, konnte es aber nicht. Es war zu ungewiss, was am Abend passieren würde. Was würde R tun, wenn sie die ungewaschene Bettwäsche sah. Würde sie mir dann endgültig die Rippen brechen? Auf H's Versicherungen konnte und wollte ich mich nicht verlassen. Also ließ ich Wasser in die Badewanne, gab Waschmittel dazu und ließ alles erst einmal eine Zeit lang weichen. Später machte ich mich daran, alles mit der Hand zu schrubben, zu spülen und auszuwringen. Waschmaschine und Schleuder durfte ich natürlich nicht allein benutzen. Ich denke jedoch, dass R meine Vorgehensweise genauso beabsichtigt hatte. Von Hand war das einfach nicht zu schaffen, nicht mal für einen Erwachsenen. Als ich versuchte, den großen schweren Bezug auszuwringen, schmerzten meine Rippen so sehr, dass ich aufhören musste. Ich gab auf und ließ alles so in der Wanne liegen. Wenigstens war es gewaschen. Ich hoffte, dass mir das mildernde Umstände verschaffte. Aber bei R wusste man ja nie. Wenn H Wort hielt, würde er den Rest erledigen und mich vor eventuellen Attacken retten.

Ich verbrachte dann den Tag auf der Couch vor dem Fernseher und erst kurz bevor H und R von der Arbeit heim kamen, verzog ich mich in mein Zimmer. Ich hätte auch versucht mein Bett neu zu beziehen, aber ich durfte nicht allein an den Schrank im Schlafzimmer, wo die Bettwäsche lag. So saß ich in meinem Zimmer, versuchte zu lesen und wartete auf das, was da kommen würde. Erstaunlicherweise passierte gar nichts.

Als die beiden nach Hause kamen, würdigte R mich keines Blickes. H brachte mir Bettwäsche ins Zimmer und bezog mit mir zusammen mein Bett. Er fragte mich, ob ich etwas gesessen hatte, sah aber an meinem Blick, dass das nicht der Fall war. Er beließ es dabei und kümmerte sich um die Wäsche. Die musste ja Dank meiner Vorarbeit nur noch geschleudert werden. Nachdem alles aufgehängt war, kam H zu mir und lobte mich für meine Arbeit. Das waren ganz neue Töne, die so fremd in meinen Ohren klangen, dass ich ihn nur verständnislos ansah. Ich konnte mich nicht daran erinnern schon jemals gelobt worden zu sein. Ich glaube, dass es H sicher öfter in den Sinn kam, mir ein freundliches Wort zu sagen. Aber er tat es nie. Das machte die vielen bösen Worte, die ich hörte noch schlimmer in Anbetracht dessen, was ungesagt blieb.

Als es an jenem furchtbaren Tag Zeit zum Abendessen war, kam H mit einem Teller Brote in mein Zimmer. Er setzte sich mit mir an den Tisch und aß mit mir. R hielt sich abseits und strafte uns beide mit Nichtachtung. Eine gute Entscheidung, denn in ihrer Gegenwart hätte ich keinen Bissen runter bekommen. Nach dem Essen schloss ich meine Zimmertür und kroch ins Bett. Zähne putzen ließ ich ausfallen und niemand behelligte mich deswegen. Ich nahm alle meine Kuscheltiere mit ins Bett und klammerte mich daran fest. Trostlos, schutzlos und vollkommen hilflos weinte ich mich in den Schlaf. Heute frage ich mich manchmal, ob jeder Mensch einen Tränenvorrat hat. Und wenn ja, wann ist der erschöpft?

Am folgenden Morgen frühstückte H wieder allein mit mir. Er ging auch allein zur Arbeit. Als ich zur Schule aufbrach, hatte R gerade ihr Putzzeug ins Wohnzimmer geschleppt und fing an, den Teppich zu bearbeiten. Ich ging ohne ein Wort. Als ich von der Schule kam, schrubbte R immer noch den Teppich. Der sah inzwischen ganz passabel aus. Auch die Tapete war sauber. Die Kaffeeflecken war nicht mehr zu sehen. Aber R dachte sich wohl, wenn ich schon mal dabei bin, dann bearbeite ich doch den ganzen Teppich.

An diesem Abend saßen wir wieder zu dritt am Tisch beim Essen. R zeigte demonstrativ ihre blutigen Knöchel. Sie hatte sich tatsächlich die Hände wund geschrubbt. Kein ansehnlicher Anblick. Wenn diese Kaffeeflecken das Ergebnis eines Unfalls gewesen wären, hätte ich vielleicht so etwas wie Mitleid aufbringen können für diese Frau. Aber sie selbst hatte die Tasse geworfen. Ich nehme an, dass sie die Flecken innerhalb einer Stunde beseitigt hatte. Sich dann absichtlich die Knöchel blutig zu schrubben war typisch für R. So wurde sie vom Täter zum Opfer und hoffte auf Mitleid.

Von mir hatte sie das nicht zu erwarten und auch H zeigte keine Regung, als er ihre Hände sah. Um ehrlich zu sein verschaffte mir der Anblick dieser wund gescheuerten, blutigen Finger ein Gefühl tiefer Befriedigung. Das war der erste sichtbare Beweis dafür, dass diese Frau wirklich ein menschliches Wesen war.

Jemand, der verletzbar ist und sogar blutet. Bis dahin hatte ich das immer in Frage gestellt. Ein Roboter hätte nicht stumpfsinniger und gefühlloser sein können als diese Frau.

R strafte mich weiterhin mit Nichtachtung, worüber ich alles andere als enttäuscht war. Aber nach diesem Vorfall tat sie das auch mit H. Zum ersten Mal bildeten sie keine gemeinsame Front mehr gegen mich. Natürlich war das nicht von Dauer, aber dieser Tag hatte einen nach außen sichtbaren Keil zwischen die beiden getrieben.

Dies äußerte sich darin, dass H aus dem gemeinsamen Schlafzimmer verbannt wurde. Er schlief von diesem Tag an auf der Couch im Wohnzimmer. Da wir alle morgens zur gleichen Zeit aufstanden, blieb mir das nicht verborgen. Jeden Morgen sah ich H sein Bettzeug ins Schlafzimmer bringen. Das hat sich bis zu dem Tag, an dem ich H und R „verließ" nicht geändert. Jahre später wurde mir klar, dass zum damaligen Zeitpunkt die gemeinsamen Interessen der beiden darin bestanden haben müssen, mich fertig zu machen. Anscheinend gab es nichts anderes in ihrem Leben. Dann hatte H aufbegehrt, was wahrscheinlich die Todsünde schlechthin in den Augen von R war. Also teilte sie nicht mehr das Bett mit ihm. Ich frage mich allerdings, ob das für ihn wirklich Bestrafung darstellte. Wahrscheinlich nicht. In den ganzen Jahren, die ich dort verbrachte habe ich die beiden nie Zärtlichkeiten austauschen sehen. Kein flüchtiger Kuss, kein Händchen halten. Also was hat diese beiden Menschen eigentlich verbunden? Haben Sie sich irgendwann einmal geliebt? War ich das Ergebnis eines lang gehegten, nicht erfüllten Wunsches? Und wenn ja, warum ging dann alles so schief? Oder war es etwa das, was sie wollten, ein kleines Wesen zum quälen? Alles Fragen, auf die ich nie Antworten bekam. Inzwischen lege ich keinen Wert mehr auf diese Antworten. Ich habe mir meine eigene Meinung zu dem Erlebten und Gesehenen gebildet.

Jemand hat mal gesagt, es gibt innerhalb der Familie kein Verbrechen außerhalb des Verzeihens. Ist dem wirklich so? War ich Teil einer Familie? Nein, das denke ich nicht. Ich war der Störfaktor und wurde bekämpft wie ein Virus. Verzeihen war nie eine Option und wird es auch nie sein.

Von allem etwas

Es gibt diesen netten Spruch, der da heißt „Aller guten Dinge sind drei". Was meine Kindheit betrifft, erfüllt sich diese Quote nicht. Mir stellt sich die Frage, wie ist es denn mit den schlechten Dingen? Dazu habe ich noch keinen solchen Ausspruch gehört. Anscheinend ist da die Anzahl nicht begrenzt. Rückblickend kann ich das nur bestätigen. Wenn dem nicht so wäre, könnte ich nicht dieses Buch schreiben und von all den schlechten Dingen erzählen. Einige davon fasse ich in diesem Kapitel zusammen.

Da wäre zunächst meine Freizeitbeschäftigung. Als kleines Mädchen liebte ich Eiskunstlauf. Das kannte ich nur aus dem Fernsehen. Wenn ich mir etwas davon ansehen durfte, war ich immer wie verzaubert von den anmutigen Bewegungen und den schönen Kostümen. So war es damals mein sehnlichster Wunsch, das zu erlernen. Eiskunstlauf war in meiner Heimatstadt nicht möglich, wohl aber in der nächsten, die nur etwa eine halbe Stunde Fahrt entfernt war. Natürlich kam das nicht in Frage. H und R hatten wie immer viele Gegenargumente parat. Wegen der Entfernung bekam ich zur Antwort, als ich fragte, warum ich das nicht dürfte. Es wäre unverantwortlich, wenn ich allein unterwegs wäre. Da Eiskunstlauf mit viel Training verbunden ist, hätte ich mehrmals in der Woche diese Fahrt antreten müssen. Hinzu kamen dann noch die Fahrkosten und die Anschaffungskosten für Schlittschuhe. Kurz gesagt, mein Wunsch wurde abgelehnt.

H und R suchten nach einer Alternative, denn sie wollten meiner körperlichen Ertüchtigung nicht im Weg stehen. Welch noble Geste. Nicht lange danach landete ich beim Geräteturnen. Das war natürlich viel besser, weil es kostenlos war. Und die Sportkleidung hatte ich ohnehin schon. Anfangs stand ich dem sehr skeptisch gegenüber, merkte jedoch bald, dass diese Sportart genau das Richtige für mich war. Ich hatte zwei Nachmittage in der Woche Training und freute mich jedes Mal riesig darauf. Es war ein ziemlich weiter Weg dorthin, den ich Sommer wie Winter mit dem Fahrrad fuhr. Die Entschädigung für die Strapazen waren ein paar Stunden, in denen ich alles andere vergessen konnte. Für mich war das, trotz hartem Training, Erholung pur.

Als ich Jahre später wieder ins Heim abgeschoben wurde, gab es dort keine Trainingsmöglichkeit mehr. Nur in den Wintermonaten, wenn der Sportunterricht in der Turnhalle stattfand, konnte ich mein

Können noch ab und zu unter Beweis stellen. Wirklich schade, denn ich hatte gutes Potenzial. Früher hatte ich sogar an Wettkämpfen teilgenommen und dabei immer ganz gut abgeschnitten. An anderen Sportarten, wie Leichtathletik beispielsweise, hatte ich kein Interesse und so verlief meine sportliche Karriere im Sande.

Doch auch im musikalischen Bereich zeigte ich schon früh Talent. So beschlossen H und R, dass es gut wäre, wenn ich ein Instrument erlernen würde. Darüber freute ich mich sehr, aber wie so oft gestaltete sich das Ganze nicht so, wie ich es mir gewünscht hatte. Ich hätte liebend gern Klavier spielen gelernt. H und R überzeugten mich jedoch davon, dass die Anschaffung eines solchen Instruments ihre finanziellen Möglichkeiten übersteigt. Dann äußerte ich den Wunsch, Gitarre spielen zu dürfen. Da ich für mein Leben gern sang und noch dazu eine schöne Stimme hatte, wäre eine Gitarre perfekt gewesen. Aber wie so oft wurde alles über meinen Kopf hinweg entschieden. Ich bin sicher, dass der Kauf einer Gitarre möglich gewesen wäre, aber ich bekam keine. Was ich bekam, war eine Blockflöte. Somit stand ich vor vollendeten Tatsachen und fing kurz darauf mit dem Unterricht an. Ich mochte die Flöte nicht besonders, wurde aber trotzdem ganz gut darin. Es war ähnlich wie beim Sport. Das Wichtigste daran war, ich kam aus dem Haus.

Die Entscheidung, eine Flöte zu kaufen, bewies wieder einmal, wie sehr bei Anschaffungen für mich am Geld gespart wurde. Das hatte nie etwas mit finanzieller Not zu tun. Es war schlichtweg Geiz. Wie sehr sich dieser Geiz bezahlt machte, zeigte sich im Jahr der Wende. Aber darauf werde ich später noch zurückkommen.

Natürlich hatte ich als Kind auch den Wunsch, ein Haustier zu haben. Das wurde zunächst rigoros abgelehnt, doch ich ließ nicht locker und brachte das Thema immer wieder zur Sprache. Meine Hartnäckigkeit zahlte sich aus. Und so wurde dann eines Tages darüber diskutiert, was für ein Haustier in Frage kommen würde. Ich hätte liebend gern einen Hund gehabt, aber das wurde mit einer infamen Behauptung abgeschmettert. H und R waren der Meinung, dass ich mich nicht ausreichend um das Tier kümmern würde und somit die damit einhergehenden Pflichten eines Tages an ihnen hängen bleiben würden. Das zeigte einmal mehr, wie wenig Vertrauen beide in meine Fähigkeiten und in meinen Charakter hatten.

Eine Katze kam ebenfalls nicht in Frage, denn ich war äußerst allergisch auf Katzen. Das fanden wir bei einem Besuch bei

Verwandten heraus. Ich spielte dort mit deren Katze und nach kurzer Zeit war mein Gesicht rot und geschwollen und ich hatte Probleme mit der Atmung. Da der Arzt sagte, ich würde höchstwahrscheinlich auf Meerschweinchen und Hamster genauso reagieren, blieben die also auch außen vor. Letztendlich einigten wir uns auf einen Wellensittich. Ich durfte mir den Vogel selbst aussuchen und ihm einen Namen geben. An dessen Anschaffung musste ich mich nicht finanziell beteiligen aber es ging auch hier wieder mit Bedingungen einher. Alles, was zur Versorgung des Vogels notwendig war, musste ich von meinem Taschengeld bezahlen. Aber das tat ich gern. Futter und Sand waren nicht sehr teuer und reichten immer lange.

Ich glaube, mein drängen nach einem Haustier resultierte aus dem unbewussten Wunsch, etwas Lebendiges um mich zu haben, von dem keine potentielle Gefahr ausging. Dieser Wellensittich wurde binnen kurzer Zeit so zutraulich, weil ich ihm alle Liebe gab, die ich hatte und die sonst niemand wollte. Er wurde mein bester Freund, dem ich alles erzählte. Manchmal, wenn ich wieder einmal in mein Zimmer verbannt wurde und leise vor mich hinweinte, nahm ich ihn auf meine Hand und klagte ihm mein Leid. Dann legte er den Kopf schräg und sah mich mit seinen kleinen schwarzen Knopfaugen an, als würde er mich verstehen. Ich liebte diesen Vogel sehr, aber in solchen Augenblicken hätte ich gern einen Hund gehabt. Einen großen Hund, in dessen Fell ich mich hätte vergraben können wie in einen schützenden Mantel.

Dass die Ausgaben für mich immer in Grenzen gehalten wurden, zeigte sich bei vielen Dingen. Wie zum Bespiel bei meinem Taschengeld. Ich weiß nicht mehr, ab wann ich Taschengeld bekam, aber ich weiß noch ganz genau, wofür ich es ausgegeben habe. Wenn die Woche zufrieden stellend verlaufen war, bekam ich Sonntags zwei Mark in die Hand gedrückt. Dann holte R meine Spardose aus dem Schrank und ich musste das Geld dort hinein stecken. Die Dose kam dann sofort wieder unter Verschluss. Es stand mir also nie Geld zur freien Verfügung.

Der Sinn des Taschengeldes ist doch aber das Erlernen des vernünftigen Umgangs mit Geld. Dass Kinder so etwas nicht sofort können, ist logisch. Das wäre bei mir sicher auch nicht anders gewesen. Es gibt einfach zu viele verlockende Dinge. Ist man noch klein, sind es meist Süßigkeiten oder Spielzeug. Wird man größer, werden auch die Wünsche größer. Für die Erfüllung solcher Wünsche muss man manchmal Geld ansparen. Ich hatte auch Wünsche, aber mein Erspartes durfte ich nicht für Dinge ausgeben, die ich gern gehabt hätte. Statt dessen musste ich mir Schulmaterial davon kaufen.

Ich bekam zu Beginn des Schuljahres alles, was ich brauchte. Im Verlauf des Schuljahres jedoch, musste ich alles, was ersetzt werden musste, selbst bezahlen. Wenn ich zum Beispiel ein neues Heft brauchte, ging ich zu R und sagte ihr das. Sie hatte im Wohnzimmer eine ganze Schublade voll mit Schulmaterial. Das war natürlich peinlich genau abgezählt und wurde stets kontrolliert. Ich musste dann aus meiner Spardose das Geld für ein neues Heft nehmen und es bei R bezahlen. So ging es das ganze Schuljahr hindurch. Als einmal mein Füller kaputt ging, kostete mich das den gesamten Inhalt meiner Spardose. Diese Dinger waren nun mal etwas teurer und R war nicht bereit, selbst dafür aufzukommen. So lernte ich also schon sehr früh, äußerst sorgsam mit meinen Sachen umzugehen.

Beim Schulmaterial war das einfacher als bei Kleidung. Denn auch bei Kleidung und Schuhen wurde gegeizt, so gut es ging. Kleidung hatte ich so lange zu tragen, bis sie so sehr zu klein geworden war, dass es lächerlich aussah. Wenn etwas kaputt ging, tat R immer so, als hätte es ein Vermögen gekostet und natürlich ging das dann auch immer mit Schlägen einher. Ich erinnere mich an einen schlimmen Vorfall mit einer Strumpfhose. Als das passierte, war ich ungefähr sieben oder acht Jahre alt.

R suchte stets die Kleidung aus, die ich anziehen sollte. Das tat sie auch noch, als ich älter war und ich hasste das. Meistens zog ich mich morgens noch schnell um, bevor ich zur Schule fuhr. R nahm also besagte Strumpfhose aus dem Schrank und bemerkte, dass sie etliche Löcher hatte. Mir war das bis dahin nicht aufgefallen, denn ich hatte sie bereits zusammengelegt in den Schrank getan. Als ich sie auszog, war sie noch heil und so war ich mir keiner Schuld bewusst. Es musste also während des Waschens in der Maschine passiert sein. Diese Erklärung schien plausibel, denn die Löcher waren ausgefranst und hatten weiße Ränder. R interessierte das nicht sonderlich. Sie behauptete, ich hätte die Strumpfhose absichtlich kaputt gemacht, damit ich sie nicht mehr anziehen muss. Auf so eine absurde Idee wäre ich nie gekommen, zumal das ein Kleidungsstück ist, was man nicht sieht. Wenn ich so etwas absichtlich getan hätte, dann sicher mit einem anderen unansehnlichen Teil. Eine Strumpfhose war diese Mühe gar nicht wert. Zudem war es ersichtlich, dass diese Löcher nicht mit einer Schere gemacht wurden. Aber R blieb bei ihrer Behauptung und ich bekam eine Tracht Prügel dafür. Sie prügelte so lange auf mich ein, bis ich sagte, ich hätte die Strumpfhose kaputt gemacht. Anfangs stritt ich es natürlich ab, weil ich unschuldig war, aber als ich heiser war vom schreien und weinen, gab ich es auf. Als sie dann endlich von mir abließ, war mein Po so blau und geschwollen, dass ich tagelang nicht richtig sitzen konnte.

Da man für ein heran wachsendes Kind öfter Kleidung kaufen muss, weil alles schnell zu klein wird, suchten H und R nach einer Möglichkeit, diese Kosten so gering wie möglich zu halten. Eine Lösung ihrer Probleme ergab sich, als ich etwa elf war.

Die Gartennachbarn von H und R hatten eine bereits erwachsene Tochter und von dieser noch zwei große Säcke Kleidung im Keller stehen. Das war natürlich perfekt und so wurde man sich schnell einig. Dass diese Sachen schon seit zehn Jahren aus der Mode waren und ich langsam in ein Alter kam, in dem mir Mode wichtig wurde, war H und R egal. Die Achtziger hatten angefangen; überall kamen schrille und bunte Klamotten in Mode und ich musste zur Schule in karierten Schlaghosen. Damals spielte ich dann wirklich öfter mit dem Gedanken, eines dieser abscheulichen Stücke kaputt zu machen. Doch wenn ich mich an die Episode mit der Strumpfhose erinnerte, besann ich mich und ertrug lieber das Lachen und Tuscheln der anderen Kinder, als Schläge.

Als die so genannten Glitzertücher in Mode kamen, war es mein sehnlichster Wunsch, so eines zu besitzen. Die Verwandtschaft im Westen fand diesen Trend wohl auch ganz gut und so bekam ich sogar zwei davon geschickt. Die sahen wirklich toll aus und ich war überglücklich. Aber wenn ich glücklich war, dann gab es einen Menschen, der es aus genau diesem Grund nicht war. R nahm mir die Tücher einfach weg. Sie sagte, die seien viel zu gut, um sie jeden Tag zu tragen. Ich dürfte sie nur zu besonderen Anlässen tragen. Man braucht nicht viel Fantasie, um sich auszumalen, wie oft das der Fall war.

Ich sah die anderen Mädchen, die enge Jeans trugen und Stiefeletten mit kleinen Absätzen und kam mir vor wie von einem anderen Planeten. Ich hätte auch gern solche Stiefel gehabt, aber als ich den Wunsch äußerte, bekam ich nur die üblichen faulen Ausreden zu hören. Winterschuhe müssen zweckmäßig sein und nach Möglichkeit wenig kosten. Also bekam ich Stiefel für Jungen. Die waren braun und klobig und unglaublich hässlich. Natürlich passten sie somit zu meinen sonst schon schreiend hässlichen Klamotten und das Gesamtbild stimmte. Wie sehr ich mich schämte und gehänselt wurde, war H und R egal. Solange der Preis akzeptabel war, war alles andere unwichtig.

Diese ganzen Schikanen machten auch vor meiner Gesundheit nicht halt. Jeden Morgen frühstückten wir zusammen. Dabei musste ich immer eine Tasse Kinderkaffee trinken. Dieses Zeug schmeckte schlichtweg widerlich und mir wurde immer speiübel davon. Diese Tatsache änderte jedoch nichts daran, dass ich ihn täglich trinken musste. Ich glaube, wenn ich R hätte weis machen können, dass dieser Kaffee ein echter Gaumenschmaus für mich ist, dann hätte sie ihn mir aus reiner Boshaftigkeit weg genommen. Leider kam ich nicht auf diese geniale Idee und so musste ich weiter jeden Morgen diese widerliche Brühe runterwürgen.

In den Wintermonaten bekam ich jeden Morgen von R zwei gelbe Tabletten. Sie sagte mir, das seien Vitamintabletten und gerade im Winter sehr wichtig für mich. Ich schluckte diese Dinger also jeden Tag und damit spielte sich für mich jeden Tag dasselbe Drama ab.

H und R gingen morgens als erste aus dem Haus, ich etwas später. Ich fuhr den weiten Weg zur Schule auch im Winter meist mit dem Fahrrad. Jeden Morgen musste ich unterwegs anhalten, weil ich mich erbrechen musste. Diese Tabletten verursachten eine unbeschreibliche Übelkeit, so dass ich mich fragte, was ich da eigentlich schluckte. Natürlich sagte ich H und R, welche Wirkung die Tabletten hatten und dass ich sie nicht mehr nehmen will, aber R bestand weiterhin darauf. Mir ging es von Tag zu Tag schlechter, bis ich den Mut fand und mich meiner Lehrerin anvertraute. Kurz darauf verschwanden die Tabletten von meinem Speiseplan, wofür ich sehr dankbar war. Der widerliche Kinderkaffee allerdings blieb.

Bis heute weiß ich nicht, was R mir verabreicht hat. Wenn es wirklich um Vitamine gegangen wäre, hätten ein Glas Milch morgens und täglich etwas Obst es auch getan. Aber für R war es wohl wie so oft unterhaltsamer, wenn ich mich quälte. Dass es hierbei um meine Gesundheit ging, macht die Sacher um so abscheulicher.

Dann war da noch die Sache mit den Süßigkeiten. Alle Kinder lieben Bonbons und Schokolade und ich machte da keine Ausnahme. Bei H und R bekam ich so etwas nur auf Zuteilung. Immer wenn ich danach fragte, musste natürlich erst einmal erwogen werden, ob ich das überhaupt verdiene. Beim jeweiligen Resümee verging mir dann meist schon der Appetit. Alles, was ich an Weihnachten, Ostern und zum Geburtstag geschenkt bekam, wurde auf das ganze Jahr verteilt. Die Ausgaben von H und R waren dabei sehr geringfügig, denn das meiste schickten die Verwandten. Das war sehr praktisch und äußerst preiswert und somit perfekt für H und R.

Es gab jedoch einen Ort, an dem ich mir etwas Süßes nehmen durfte, ohne zu fragen. Dieser Ort war ein kleines Sprechzimmer beim Jugendamt. Nachdem H und R mich zu sich geholt hatten, waren regelmäßige Besuche dort vorgeschrieben. Bei jedem dieser Besuche ging ich sofort zum Schreibtisch, auf der immer eine Schale mit Bonbons stand, nahm mir einen heraus und setzte mich dann artig auf einen Stuhl. Für mich war das selbstverständlich, weil ich wusste, dass ich es darf. Bei unserem ersten Besuch war R von meinem Verhalten so geschockt, dass ihr tatsächlich die Sprache wegblieb. Das ist danach nie wieder passiert. Die nette Dame hinter dem Schreibtisch klärte H und R darüber auf, warum ich das durfte. Gleichzeitig ermahnte sie R, mich nicht für mein Verhalten zu tadeln.

Bevor ich ins Heim kam, war ich mit meiner Mutter schon regelmäßig zu Gast beim Jugendamt. Ein Zeichen dafür, dass es wohl schon damals Probleme zu Hause gab. Ich erinnere mich leider nicht an Details und das ist vielleicht auch ganz gut so. Was auch immer damals geschehen ist, es muss so schlimm gewesen sein, dass für meine Mutter nur der eigene Tod als endgültige Lösung in Frage kam.

Ich mochte die Frau beim Jugendamt sehr, denn sie war immer nett zu mir. Und obwohl sie R instruiert hatte, mich nicht für mein Verhalten zu tadeln, tat diese es trotzdem. Natürlich tat sie das erst, als wir zu Hause waren. Es gab eine Predigt über gutes Benehmen und die Auflage, mir nie wieder etwas unaufgefordert zu nehmen. Schläge bekam ich nicht. Das war das einzige Mal, dass R eine Grenze gefunden hatte. Ich nehme an, sie hatte Angst, dass ich es beim nächsten Besuch sofort erzählen würde, wenn sie mich geschlagen hätte. Nach meiner offiziellen Adoption waren diese Besuche beim Jugendamt nicht mehr nötig. Zumindest waren sie nicht mehr vorgeschrieben. Nötig wären sie auf jeden Fall gewesen. Denn ab diesem Zeitpunkt war ich für R Freiwild und zum Abschuss freigegeben, was sie auch gnadenlos immer wieder unter Beweis stellte.

Körperpflege muss sein

Soweit ich mich zurück erinnere, habe ich mir seit frühester Kindheit die Fingernägel abgekaut. Ich weiß bis heute nicht, ob es bei mir einen bestimmten Grund dafür gab. Vielleicht war es einfach nur eine schlechte Angewohnheit, die Kinder ohne bestimmbare Ursache entwickeln. Auch meine Tochter konnte es nicht lassen, an ihren Fingern zu kauen bis es blutete. Natürlich versucht man als Mutter dem abzuhelfen. Die Frage ist nur, wie man das tut. Ich versuchte es nicht mit Worten oder gar Strafen, denn das ist keine Hilfe. Nägel kauen ist zwanghaft, das weiß ich aus eigener Erfahrung. Wenn man sich dessen bewusst ist, weiß man auch, dass gutes Zureden genauso wenig Abhilfe schafft wie die Androhung von Strafen. Ich kaufte also eine spezielle Tinktur, pinselte meiner Tochter die Fingerkuppen damit ein und wir haben das Problem in den Griff bekommen.

Als ich noch unter dieser schrecklichen Angewohnheit litt, gab es keine Tinktur dafür. Da H und R das aber genauso wenig mochten wie ich als Mutter, versuchten auch sie mir das Nägel kauen abzugewöhnen. Not macht erfinderisch, heißt es so schön. Also machten die beiden sich Gedanken darüber und fanden verschiedene Lösungen für das Problem. Um das vorweg zu nehmen, geholfen hat keine davon.

H und R legten sich jedenfalls mächtig ins Zeug und zeigten wirklich Kreativität bei der Sache. Sie fingen an, mir die Fingerkuppen mit Senf zu beschmieren. Leider brachte das nicht viel, weil ich Senf mochte. Dann versuchten sie es mit wirklich scharfem Senf. Das tat weh. Doch auch den leckte ich ab, schüttelte mich kurz und kaute weiter an meinen kaum noch vorhandenen Nägeln.

Die nächste Variante war Salz. Meine teils wund geknabberten, mit kleinen offenen Wunden übersäten Fingerkuppen wurden mit Salz eingerieben. Bei dieser Prozedur schrie ich vor Schmerzen. R drohte mir dann immer damit, beim nächsten Mal Pfeffer zu nehmen. Ob das noch schlimmer gewesen wäre? Ich versuchte, mir die Tränen zu verkneifen aber der Schmerz war einfach unerträglich. Dann lag ich wimmernd im Bett und fand keinen Schlaf. Zur Toilette durfte ich an solchen Abenden nicht mehr, nach dem ich im Bette war. Man wollte sicher gehen, dass ich nicht heimlich die Hände wusch. Also begann ich, auch das Salz abzulecken. Und obwohl es eklig war, verschaffte es mir etwas Linderung.

Nach einer Woche etwa wurde die Salz-Methode abgesetzt. Meine Finger sahen schlimm aus und erholten sich nur langsam von dieser grausamen Prozedur. Eine Zeit lang musste ich sogar Baumwollhandschuhe tragen, damit meine Finger nicht mit Dreck in Berührung kamen. Aber sie wurden von da an in Ruhe gelassen obwohl ich weiter an den Nägeln kaute.

Meinen Fingern wurde nun nichts mehr getan, meinem Gesicht dafür um so mehr. H und R machten es sich nun zur Aufgabe, mich unentwegt zu beobachten. Sowie meine Finger sich zum Mund bewegten, bekam ich sofort eine Ohrfeige. Meine Hand bewegte sich oft ganz unbewusste zu meinem Gesicht, deswegen war ich immer völlig perplex, wenn der Schlag kam. Da ich als intelligentes Wesen natürlich dazu lernte, steckte ich mir nur noch die Finger in den Mund, wenn ich mich unbeobachtet fühlte. Aber nur weil man sich so fühlt, muss man es nicht unbedingt sein. Auch diese Erfahrung habe ich machen müssen.

H brachte es tatsächlich fertig mich durch das Schlüsselloch zu beobachten, wenn ich auf der Toilette saß. Das allein ist ja schon unfassbar. Wenn ich dann nichts ahnend aus dem Bad kam, hatte ich sofort eine Schelle sitzen. Dann sagte er zu mir, ich solle gefälligst ausspucken was ich im Mund habe. Auf meinen fragenden Blick hin schlug er gleich noch einmal zu. Ich habe meine abgekauten Fingernägel niemals gegessen, sondern behielt sie im Mund, bis ich sie loswerden konnte. Bis ich begriff was H meinte mit ausspucken, hatte ich schon drei Ohrfeigen kassiert und mir brummte der Kopf. Als mir klar wurde, dass er mich beobachtet haben musste, wurde mir übel. Der Gedanke daran, selbst auf der Toilette keine Privatsphäre zu haben, brachte mich fast zum kotzen. Ich meine, ich habe auch noch geknabbert, als H und R mich wieder ins Heim abschoben. Damals war ich dreizehn Jahre alt. Und dieser Mann guckte immer noch durch's Schlüsselloch, wenn ich im Bad war. Es war mir bei Strafe verboten, etwas vor die Tür zu hängen. Abartig ist das Wort, welches mir dazu einfällt. Ich bin unsagbar dankbar dafür, dass ich meine Periode erst mit fünfzehn bekam und nicht mehr zu Hause lebte.

R dachte sich jedoch noch andere Schikanen aus, mit denen sie mich quälen konnte. So durfte ich nur ein Mal in der Woche baden, was auch Haare waschen mit einschloss. An den anderen Tagen durfte ich nur "Katzenwäsche" am Waschbecken machen. Wenn man bedenkt, dass ich zwei Mal in der Woche Training hatte und immer völlig verschwitzt nach Hause kam, kann man sich auch vorstellen, wie ich nach einer Woche am Kopf aussah. Je älter ich wurde, desto unangenehmer wurde mir diese Situation. Aber natürlich interessierte R das herzlich wenig. Wie so oft muss sie es als Genugtuung empfunden haben, wenn ich dieser Peinlichkeit ausgesetzt war, mit fettigen Haaren rum zu laufen. Ich versuchte, beides gegeneinander abzuwägen. Einerseits Training, das ich liebte und das sechs Stunden Freiheit wöchentlich bedeutete. Andererseits spätestens ab Mittwoch fettige Haare und abfällige Blicke in der Schule. Training gewann bei dieser Pro-Kontra-Analyse. Dabei half mir wieder einmal meine große Klappe. Ich setzte mich immer verbal zur Wehr, was meistens auch Eindruck machte und den gewünschten Effekt hatte. Es gab aber einige, die es nicht begriffen und bei denen ich dann schon mal handgreiflich wurde. Natürlich wurde das meinen Eltern gemeldet und das bedeutete wiederum Prügel für mich. Ich zog also das Übel fettige Haare vor und ärgerte mich weiterhin darüber, dass ich nur Sonntags baden durfte. Eigentlich freute ich mich darauf, doch R fand eine Methode, um mir selbst das zu vergällen.

Da Maniküre bei mir nicht möglich war, konzentrierte sie sich voll und ganz auf meine Pediküre. Nachdem ich gebadet hatte, kam sie mit der Nagelschere ins Bad. Zuerst kontrollierte sie meine Ohren. Dabei versteifte ich mich schon vollends. Wenn die Ohren ihre Inspektion überstanden hatten, kamen meine Füße an die Reihe. Ich musste jeweils einen Fuß auf den Wannenrand stellen und dann schnitt sie meine Nägel, die eh schon kurz waren. Nach einer Woche gab es da nicht wirklich viel abzuschneiden. Das tat also schon weh aber natürlich war das erst der Anfang. R meinte immer zu mir, das Geheimnis schöner Nägel läge darin, dass die Nagelhaut regelmäßig zurück geschoben wird. Nur dann kann der Nagel atmen und gesund nachwachsen. Ich konnte damit nichts anfangen, doch sie demonstrierte mir jeden Sonntag, was sie meinte.

Mit der scharfen Innenseite der Schere fing sie an die Nagelhaut an meinen Zehen zurück zu schieben, bis es blutete. Wenn ich dabei vor Schmerz weinte machte sie mich immer darauf aufmerksam, dass ja bei meinen Fingernägeln schon nichts mehr zu machen sei. So sollten doch wenigstens meine Füße vernünftig aussehen. Wie oft sah mir schon jemand auf die Füße? Ich war ein Kind und kein Model.

R hatte ein unglaubliches Talent. Wenn sie einen ihrer Sprüche abließ, dann guckte ihr eines Auge vorwurfsvoll und das andere drohend. Diese Mischung machte ihr Gesicht so Angst einflößend, dass ich trotz der

Schmerzen und der blutigen Zehen versuchte, mir die Tränen zu verkneifen. Meistens gelang es mir nicht. Dann konnte ich in beiden Augen dasselbe sehen. Schadenfreude. Ich stellte mir dann immer vor, die Nagelschere zu nehmen und ihr die Augen auszustechen. Wenn ich dann in Gedanken ihr blutendes Gesicht vor mir sah, dann spiegelten sich in meinen Augen sicher Genugtuung und Hass wider.

Die Ironie bei der Geschichte ist, dass ich erst ins Bett gehen durfte, wenn meine Zehen aufgehört hatten zu bluten. Ich hätte ja die Bettwäsche beschmutzen können. Blut war sehr schwer rauszukriegen. Wäre das bei Tränen auch so gewesen, hätte ich jeden Tag neue Bettwäsche gebraucht und niemand hätte die Flecken je entfernen können.

Ein magischer Ort

Wenn ich an H und R denke, gibt es kaum schöne Sachen, an die ich mich erinnere. Dabei sollten doch gerade diesen beiden Menschen mir wieder Halt und Geborgenheit geben. Leider haben beide auf ganzer Linie versagt.

Die Jahre, die ich bei H und R verbrachte, waren geprägt von seelischen und körperlichen Misshandlungen. Ich versuchte dem zu entkommen auf jede nur denkbare Weise. Viele Alternativen hatte ich jedoch nicht. Ich durfte nur selten zu anderen Kindern und zu mir nach Hause durfte niemand. So fand ich schon früh zu Büchern, von denen ich glücklicherweise eine Menge besaß. Später hatte ich den Sport und den Flötenunterricht und obwohl ich letzteren nicht mochte, war ich dankbar für die Zeit, die ich nicht zu Hause verbringen musste.

Je älter ich wurde, desto unerträglicher wurde es. Da war niemand, der mir zu hörte; niemand, den mein Kummer interessierte. So blieb ich mit allem allein und versuchte, damit fertig zu werden. Diese Jahre bei H und R und die späteren fünf im Heim machten aus mir den Menschen, der ich heute bin.

Es ist mir bis heute fast unmöglich, zu anderen Menschen Vertrauen aufzubauen. Verschlossen und unzugänglich sind zwei Adjektive, die ich oft in meinen Beurteilungen las. Dass ich unter solchen Bedingungen diese Charakterzüge entwickelt habe, ist wohl nicht verwunderlich. Wenn man mit so vielen physischen und psychischen Misshandlungen aufwächst, sucht man sich beizeiten einen Ort, an den man sich zurückziehen kann. Für mich war das überlebenswichtig, um nicht daran zu zerbrechen. Für diese Art von Selbstschutz reicht manchmal ein fiktiver Ort. Aber ich glaube, wenn man sich über Jahre in Fiktion flüchtet, läuft man Gefahr, verrückt zu werden.

Ich hatte das Glück, ein reales Plätzchen zu haben, um allem wenigstens zeitweise zu entfliehen. H und R hatten in einem kleinen Dorf einen Garten mit Bungalow. Dort verbrachten wir ab dem Frühjahr jedes Wochenende und den Sommerurlaub. In dem Dorf lebten auch die Eltern von R, was diesen Ort noch anziehender für mich machte. Ich liebte meine Großeltern sehr und verbrachte viel Zeit bei ihnen. Sie bewohnten ein kleines Häuschen mit einem riesigen Grundstück hinten an. Im vorderen Teil hatte Großvater seinen Garten angelegt mit Kartoffeln, diversen Gemüsesorten und vielen Obststräuchern. Der Duft von Blumen und Obst dort war überwältigend. Manchmal stand ich einfach nur da und ließ diese Fülle auf mich wirken. Wie so vieles an diesem Ort war das sehr beruhigend.

Im hinteren, dem größeren, Teil des Gartens standen vereinzelt Obstbäume. Im Sommer war die Erde darunter bedeckt mit Früchten. Das Gras wucherte wild und war teilweise so hoch gewachsen, dass meine Hände es berührten, wenn ich durch lief. Und das tat ich oft. Ich breitete die Arme aus und rannte, bis ich keine Luft mehr bekam. Dann ließ ich mich ins Gras fallen und sah den Wolken am Himmel zu. Wenn ich Hunger bekam, stopfte ich mich mit Früchten voll oder ging zu Großmutter in die Küche. Dort war ich fast genauso gern wie im Garten. Sie kochte einfach wunderbar und ich sah ihr gern zu dabei oder half ihr, wenn ich konnte.

In dem kleinen Haus war alles noch so herrlich altmodisch, es hatte nicht einmal eine Toilette. Dazu musste man nach draußen auf den Hof in ein anderes kleines Häuschen. In der Küche stand ein Herd, in dem noch Feuer gemacht werden musste zum kochen. Im Sommer war es drinnen angenehm kühl, im Winter dagegen meist zu kalt. Im oberen Stockwerk gab es ein Zimmer, das nicht mehr genutzt wurde, da für meine Großeltern die Treppe zu steil geworden war. Dort stand ein großes, altes Bett und andere Möbel. Sie alle strömten diesen wunderbaren Geruch aus, den alte Möbel so an sich haben. Dieses Haus war wie aus einer anderen Zeit. Ich liebte das.

Manchmal durfte ich über Nacht bei meinen Großeltern bleiben. Dann schlief ich in diesem Zimmer unter dem Dach, in diesem großen Bett mit den vielen Kissen und der weißen Bettwäsche, die nach Sommer duftete. Wenn das weiche Mondlicht die Schatten aus der

Dunkelheit befreite und ich den Geräuschen der Nacht lauschte, dann hatte ich Frieden. Nachts gab es nur das Zirpen der Grillen und manchmal, aus der Ferne, den Schrei einer Eule. Es war, als hielte Gott selbst seine schützenden Hände über diesen Ort. Ich schlief traumlos und erwachte zu neuem Leben.

Die ersten Wochenenden im Frühjahr waren im Garten immer mit viel Arbeit verbunden, aber das störte mich nie. Im Gegenteil, ich machte mir gern die Hände schmutzig dabei. Wenn dann frisch geerntete Kartoffeln zum Mittag auf dem Tisch standen und zum Nachtisch selbst gepflückte Erdbeeren, dann war ich immer stolz, meinen Anteil an Arbeit daran gehabt zu haben. Die ersten Jahre verbrachte ich viel Zeit im Garten, half mit, wo ich konnte und hatte noch andere Kinder zum spielen dort. Später änderte sich das jedoch, weil ich lieber für mich allein blieb. Wem hätte ich das auch begreiflich machen sollen, warum es mich immer wieder von zu Hause wegtrieb? Mein Großvater baute mir damals mein erstes Fahrrad und H brachte mir das fahren bei. Das ging mit einigen blauen Flecken und aufgeschürften Knien einher, weil das Rad ziemlich groß war. Aber als ich es konnte, war ich kaum noch zu bremsen.

So setzte ich mich immer aufs Fahrrad und fuhr los, wenn ich es zu Hause nicht mehr aushielt. Meist war ich dann stundenlang weg und bekam deshalb noch mehr Ärger, wenn ich zurück kam. Oft spielte ich mit dem Gedanken, einfach immer weiter zu fahren. Irgendwo hin, nur nicht nach Hause. Aber was hätte das gebracht? So nutzte ich die Stunden, die ich unterwegs war, auf meine ganz eigene Weise. Jeden Tag erweiterte ich meinen Radius ein wenig mehr. Dieses kleine Dorf lag inmitten einer malerischen Landschaft mit Seen und Wäldern, in der ich jeden Winkel kannte im Umkreis von mehreren Kilometern.

Nicht weit von der Dorfstraße entfernt gab es im Wald eine Lichtung, auf der eine kleine Freilichtbühne stand. An guten Tagen fuhr ich oft dort hin, um vor einem imaginären Publikum zu singen und zu tanzen. An schlechten Tagen suchte ich andere Plätze auf. Mein Lieblingsplatz war ein abgelegener See. Dort gab es in der Mitte eine kleine Insel, die man schwimmend erreichen konnte. H und R hatten mir verboten, dort allein hin zu fahren, aber das hielt mich nicht davon ab.

Dieser See war von poetischer Schönheit. Das Ufer spiegelte sich im kristallklaren Wasser. Es gab keinen Horizont. Alles ging ineinander über und schuf die Illusion einer parallelen Welt. Die Bäume schienen schwerelos auf dem Wasser zu schweben. Es war ein faszinierender Anblick, der ein Gefühl von Demut in mir hervorrief.

Da dieser See ein Naturschutzgebiet ist, gab es dort keine Badestelle. Ich fuhr immer so weit am See entlang, bis mir die Insel am nächsten lag. Dann legte ich mein Rad und meine Kleidung ans Ufer und schwamm zu der kleinen Oase mitten auf dem Wasser. Ich lag auf weichem Gras, umgeben von schlanken Birken, die sich leise raschelnd wiegten. Die Sonne schien durch die Bäume auf meine Haut und spielte dort Fangen mit den Schatten der Blätter. Der Duft des Wassers und das Flüstern kleiner Wellen umgab mich von allen Seiten und machte mich schläfrig. Eine warme Brise trocknete die Tropfen auf meiner Haut. Es war das Gefühl einer liebevollen, zärtlichen Umarmung, das ich tief einatmete und mitnahm in die raue Wirklichkeit.

Auf dem Heimweg fuhr ich eine breite Allee entlang, die gesäumt war von wilden Pflaumen- und Kirschbäumen. Dort machte ich Rast und aß so viel von den Pflaumen, bis mir übel wurde. Nachdem mein Magen sich etwas beruhigt hatte, wollte ich weiter. Ich hatte die großartige Idee, ein paar Kirschen mitzunehmen für unterwegs. Da ich kein Behältnis hatte, stopfte ich mir die Früchte in die Hosentasche. Was damit passierte, muss ich wohl nicht erläutern. Ich kam zu Hause an und meine Hose war rot gefleckt. Mir persönlich erschien das nicht besonders schlimm, denn im Garten trug ich stets alte Sachen, die bereits irreparabel beschädigt oder verschmutzt waren. Aber R sah das etwas anders. Sie befahl mir, die Hose auszuziehen und verprügelte mich dann damit. Es war eine alte Jeans, also ziemlich robuster Stoff und deshalb auch sehr schmerzhaft, denn R war sehr kräftig. Als ich den metallenen Knopf mit voller Wucht auf den Rücken bekam, schrie ich so laut auf, dass sie von mir abließ. Es sollten natürlich auf keinen Fall die Nachbarn etwas davon mitkriegen, denn nach außen hin waren wir ja eine nette, kleine Familie.

Nachdem ich aufgehört hatte zu weinen, sollte ich die Hose sauber schrubben. Wir hatten zwar fließend Wasser im Garten, aber nur kaltes. Natürlich waren die Flecken nicht raus zu kriegen. Das wusste auch R, aber sie bestand trotzdem darauf und so bearbeitete ich die Jeans so lange, bis meine Finger taub waren vor Kälte. Danach warf R die Hose mit einem hämischen Grinsen im Gesicht einfach in den Müll.

Wieder einmal war ich am Boden zerstört und todtraurig. R schloss mein Fahrrad im Schuppen ein sagte zu mir, ich solle mich den Rest des Tages nicht mehr blicken lassen. Sie meinte damit, ich sollte mich drinnen aufhalten in meinem kleinen Kämmerchen und darüber nachdenken, was ich getan hatte. Was gab es da schon groß nachzudenken? Das Ausmaß dieser Ungerechtigkeit und die Schmerzen brachten meinen Kopf fast zum platzen. Ich hielt es nicht mehr aus und schlich mich raus. Was hätte ich in diesem Moment nicht dafür gegeben, dass mich jemand in den Arm nimmt und tröstet. Aber es gab Niemanden, der das hätte tun können. Zu meinen Großeltern konnte ich in diesem Zustand nicht gehen. Sie wären über alle Maßen geschockt gewesen, wenn sie erfahren hätten, was sich zu Hause abspielte. Hätte ich es ihnen erzählen sollen? Hätte ich ihnen meinen rot und blau geprügelten Po und die Wunde am Rücken, die der Knopf verursacht hatte, zeigen sollen? Ich weiß nicht, was dann passiert wäre. Vielleicht hätte ich sie nie wieder gesehen und das wollte ich auf gar keinen Fall riskieren. Also musste ich woanders hin. So lief ich bis zum Ende des Dorfes. Hinter dem Friedhof gab es ein großes Weizenfeld, das bereits abgeerntet war. Ich rannte über dieses Feld und fing an zu schreien. Die Stoppeln kratzten mir die Knöchel blutig, aber ich merkte es nicht. Ich schrie, bis mir der Hals weh tat und rannte immer noch. Der Wind trocknete meine

Tränen und irgendwann sackte ich erschöpft zusammen. Ich war heiser und hatte Durst. Also raffte ich mich auf und machte mich auf den Weg zum Friedhof. Beim ersten Wasserhahn hielt ich den Kopf darunter, um mich abzukühlen. Das kalte Wasser tat mir in der Kehle weh. Ich lief durch die Gräberreihen und kam an ein verwildertes Grab. Der Stein stand etwas schief und die Inschrift war kaum lesbar. Dort setzte ich mich und weinte leise vor mich hin. Ich fing an, die Toten um ihren Frieden zu beneiden.

Es war das erste Mal in meinem Leben, dass ich stille Zwiesprache mit Gott hielt. Zu Hause wurde nie über dieses Thema gesprochen und so machte ich mir meine eigenen Gedanken darüber. Gab es diesen Gott wirklich, zu dem so viele Menschen beteten? Und wenn es ein guter Gott war, warum half er mir dann nicht? Ich beschloss für mich, dass es Gott in meinem Leben gibt und betete oft heimlich. Ich gab ihm keine Schuld an dem, was mir passierte. Die Schuldigen sah ich jeden Tag. Gott wurde zu einer Konstante, wo es sonst keine gab. Und obwohl ich meinen Glauben oft in Frage stellte, weiß ich doch, dass er mich nie verlassen hat. Als ich an jenem Tag an diesem verwilderten Grab saß, wurde mir klar, dass ich nicht aufgeben darf. Auch wenn das Leben mich erbarmungslos an der Kehle gepackt hatte und den Griff nicht lockerte.

Meine Tränen versiegten und ich begann, das Grab zu säubern. Ich wusste nicht, wer dort bestattet war und das war auch nicht wichtig. Ich wusste nur, dass derjenige allein war und sich niemand darum kümmerte. Ein Gefühl der Verbundenheit zu dem, der dort lag, brachte mich dazu, das Grab in den nächsten Jahren zu pflegen. Ich säuberte den Stein, so gut es ging und pflanzte Blumen. Oft saß ich einfach nur da und redete. Antworten waren nicht nötig, ich fühlte mich verstanden.

Als ich an jenem Abend nach Hause kam, dämmerte es bereits. Ich kam zu spät, war schmutzig, meine Knöchel waren immer noch blutverschmiert und ich erwartete die übliche Predigt oder Schlimmeres. Aber nichts geschah. Bis heute weiß ich nicht, warum das so war. Vielleicht hatte H damals einen seiner zaghaften Versuche unternommen, sich für mich einzusetzen und damit sogar etwas erreicht. Am nächsten Tag fuhr er mit mir auf den See mit der kleinen Insel zum angeln. Wir ruderten das Boot abwechselnd und sprachen kein Wort. Das Wasser war so klar, dass man noch in der Mitte des Sees bis auf den Grund sehen konnte.

Ich hatte eine eigene Angel und nachdem ich sie ausgeworfen hatte, machte ich es mir im hinteren Teil des Bootes gemütlich. Wir sprachen immer noch nicht. Ich hörte dem Wind zu, der mir Geheimnisse zuwisperte. Ich sah der Sonne zu, wie sie den See in einen schillernden Teppich verwandelte. Tausende kleine Diamanten, die im Sonnenlicht funkelten und sich im Spiel der Wellen bewegten wie bunte Perlen in einem Kaleidoskop. Ich befand mich in einer unendlich schönen und zeitlosen Welt, an einem magischen Ort. Diese unberührte Schönheit und die Stille dieses Ortes sind tief in mir vergraben und ich zehre noch heute von diesen Erinnerungen.

Wir fingen an diesem Tag keine Fische. Als wir wieder an Land waren, nahm er mich in den Arm und weinte leise. Wortlos. Er hat es danach nie wieder getan.

Freier Fall

Das erste Mal war ich mit acht Jahren in einem Ferienlager und es gefiel mir nicht besonders. Ich sagte das H und R, aber die wollten mich im folgenden Jahr wieder dorthin schicken. Wahrscheinlich wollten sie mich einfach nur eine Weile vom Hals haben. So leicht ging das dann aber doch nicht. Ich weigerte mich strikt und da half auch alles schreien und toben nichts. Nicht, dass R es nicht versucht hätte. Aber ich ließ mich davon nicht abbringen und bestand darauf, die Sommerferien immer mit im Garten zu verbringen. Denn selbst mit meinen acht Jahren war ich schon verliebt in unseren Garten und in das Dorf, in dem er war.

Als ich dreizehn war, war die Situation zu Hause so unerträglich geworden, dass ich dankbarer als je zuvor für jede Minute war, die ich nicht mit H und R unter einem Dach verbringen musste. Die beiden sahen das wohl genauso und so schickten sie mich in den Sommerferien nach der siebten Klasse wieder in ein Ferienlager. Dieses Mal weigerte ich mich nicht. Nach den Strapazen des halben Jahres hatte ich Erholung bitter nötig.

Ich hatte die ersten Ferienwochen im Garten verbracht. Aber ich wusste, ich würde ihn und die damit verbundenen, schönen Dinge schmerzlich vermissen. Die Aussicht jedoch, H und R zwei volle Wochen nicht sehen zu müssen, war einfach zu verlockend. Und so packte ich meinen Koffer und freute mich auf eine unbekannte Umgebung und neue Gesichter.

Alle Kinder, die in diesem Jahr in dieses Ferienlager fuhren, wurden gemeinsam in einen Bus verfrachtet und los ging es in die Freiheit. Für mich jedenfalls. Es waren etwa dreißig Kinder aller Altersklassen in dem Bus, die alle riefen und winkten, als wir losfuhren. Ich hatte einen Platz am Fenster ergattert, weil ich fast als Erste eingestiegen war. Dort saß ich nun und sah zu, wie die Anderen einstiegen. Wie sie sich an den Fenstern drängelten um ihre Eltern draußen sehen zu können. Ich hörte das Geschrei um mich herum und sah die vielen Hände an den Fenstern, deren Abdrücke immer noch zu sehen waren, als wir längst angekommen waren. Umgeben von Lärm und Gerangel schloss ich die Augen und atmete tief durch. Meine Lungen füllten sich, bis sie fast platzten. Als ich ausatmete, fiel aller Kummer und aller Schmerz von mir ab. Ich schaute kein einziges Mal zurück und als der Bus sich in Bewegung setzte, hatte ich H und R vergessen.

Das Ferienlager war umgeben von Wald und nur einen Steinwurf entfernt von einem See. Die Kulisse war einfach malerisch und ich saugte diese Fülle der Natur mit all ihren Geräuschen und Düften förmlich in mich auf. Die Zeit dort war aufregend und schön. Ich nahm an einem Rettungsschwimmerkurs teil und beschloss diesen sogar mit Auszeichnung, worauf ich sehr stolz war.

Am vorletzten Abend saßen alle Kinder und Betreuer am Ufer des Sees zusammen. Eine Art Floss wurde auf das Wasser geschoben und darauf wurde ein riesiges Lagerfeuer entzündet. Dazu wurde Musik gespielt, die sich mit dem Feuer vereinte und langsam aufstieg in den Nachthimmel, der mit Sternen übersät war. Es war das Gewaltigste und Schönste, was ich bis dahin erlebt hatte. Ich war nicht die Einzige, der es so ging. Um mich herum sah ich im Schein des Feuers das Schimmern und Glitzern von Augen, die sich mit Tränen gefüllt hatten. Niemand sprach ein Wort und als wir zum Lager zurück gingen, hatte ich das Feuer für immer mit mir genommen.

Als H und R mich vom Bus abgeholt hatten, fuhren wir wieder in den Garten. Es war ein Freitag, das werde ich nie vergessen. Es war sozusagen mein persönlicher schwarzer Freitag.

Das Wochenende lag vor mir und am Montag würde ein neues Schuljahr beginnen. Ich wusste, wir würden am folgenden Tag nach Hause fahren, denn es war noch eine Menge zu tun. Den Nachmittag wollte ich allein verbringen, denn die nächste Zeit war ich wieder auf engstem Raum mit den beiden zusammen und dafür musste ich Kraft tanken. Ich wollte meine Lieblingsstellen aufsuchen und keinen Gedanken an die Zukunft verschwenden. Aber es kam alles anders.

Nach dem Mittagessen sagten H und R, sie hätten etwas Wichtiges mit mir zu besprechen. Wir setzten uns und ich wartete auf das, was nun kommen würde. H zündete sich eine Zigarette an und R fing an zu reden. Genau genommen sagte sie nur einen Satz. Diesen einen Satz, der mein Leben aufs Neue komplett durcheinander bringen würde. „Morgen bringen wir dich zurück ins Heim." Das war alles, was sie sagte. Eigentlich müsste ich an dieser Stelle ein paar Seiten frei lassen um deutlich zu machen, wie diese Worte auf mich wirkten. Es dauerte eine kleine Ewigkeit, bis diese Information zu meinem Kopf durchgedrungen war. Ich konnte es nicht glauben. Wollte es nicht glauben. Niemand sprach.

Ich sah H fragend an, flehte ihn mit Blicken an, etwas dazu zu sagen. Mir beizustehen. Das zu verhindern. Er hielt meinem Blick nicht stand und senkte den Kopf. Da wurde mir klar, dass R diese Sache beschlossen und er sich gefügt hatte. Die Erkenntnis traf mich wie ein Fausthieb. All die Jahre hatte er mit angesehen, was diese Frau mit mir gemacht hatte, hatte sich sogar daran beteiligt. Und nun saß er hier vor mir, ein feiger Abklatsch von einem Mann, der es nicht einmal schaffte, mir in die Augen zu sehen. Ein Gefühl tiefster Verachtung breitete sich in mir aus. Aber das war nicht alles.

Wie eine große Luftblase aus den Tiefen des Wassers stieg die Wut in mir hoch und kam zum Ausbruch. Ich sprang auf, so dass der Stuhl umfiel und fing an, die beiden anzuschreien. R packte mich am Arm, wollte mich zur Vernunft bringen. Aber Nichts und Niemand hätte mich in diesem Moment bändigen können. All der Hass und der Zorn, der sich über die Jahre angestaut hatte, entlud sich in einem gewaltigen Sturm. Ich war der Donnergott selbst, der auf die Erde kam, um diese beiden Menschen zu vernichten. Ich schwang einen riesigen Hammer, bestehend aus Worten und schlug immer wieder damit zu. Mein brüllen lockte die Nachbarn aus ihren Bungalows. Fassungslos standen sie an den Zäunen und gafften zu uns herüber. Wieder versuchte R mich zu packen. Wieder riss ich mich los. Ich griff mir den Stuhl, auf dem ich noch kurz vorher gesessen hatte, und schleuderte ihn auf H. Der war darauf nicht gefasst und versuchte ihn abzuwehren. Er traf ihn seitlich am Kopf. Dann warf ich den Tisch um, auf dem noch Geschirr stand. Alles zerbrach klirrend auf dem Terrassenboden. Ein

Geräusch, das lieblich klang in meinen Ohren. Ich war rasend vor Wut. Hätte ich in diesem Moment eine Waffe gehabt, dann wäre ich nicht ins Heim gekommen, sondern ins Gefängnis. Verurteilt für einen Doppelmord. Aber ich hatte keine Waffe und so brüllte ich weiter, bis ich einen Hustenanfall bekam. Dann lief ich einfach weg. Ich lief, bis ich nicht mehr weiter konnte. Wie von allein hatten meine Füße den Weg zu der Lichtung mit der kleinen Freilichtbühne im Wald gefunden.

Dann stand ich auf dieser Bühne und es war, als stünde ich an einem großen Abgrund. Eine endlose, schwarze Leere, die sich zu meinen Füßen ausbreitete. Hinter mir türmten sich dunkle Wolken auf bis zum Horizont. Eine grausame Dunkelheit, die mich einhüllte. Kein Licht. Nirgends. Alle Hoffnung verloren. Ich konnte mich nicht bewegen. Wie ein riesiger Raubvogel senkten sich Verzweiflung und Hilflosigkeit auf mich herab. Ich gab auf und stürzte in den Abgrund. Endloser freier Fall. Als ich aufschlug, zersprang ich in Millionen Scherben aus Schmerz, die niemand je wieder würde zusammensetzen können. Etwas von mir würde auf ewig in diesem Abgrund bleiben.

Eine Welle der Übelkeit wogte über mich hinweg. Ich sackte zusammen und erbrach mich. Dann Stille. Ich schloss die Augen und wartete auf die Dämmerung. In der Dunkelheit der anbrechenden Nacht lief ich durch das Dorf zum Garten meiner Großeltern. Dieser hatte auch am hinteren Ende ein kleines Tor, welches nie verschlossen war. Es roch betäubend nach Früchten. Ich stand im hohen Gras zwischen Obstbäumen und sah in den Nachthimmel. Die friedliche Stille paarte sich mit dem Geräusch der Grillen und gab mir Frieden.

Langsam lief ich durch den Garten nach vorn zum Haus. Im Wohnzimmer meiner Großeltern brannte noch Licht. Dort stand ich eine Weile im Schatten einer großen Eiche und kämpfte dagegen an, einfach hinein zu laufen und ihnen alles zu erzählen. Aber sie hätten mir nicht helfen können und ich hätte damit ihr Leben unnötigerweise durcheinander gebracht. In Gedanken sagte ich ihnen Lebwohl, denn ich wusste, ich würde sie niemals wieder sehen.

Ich lief zurück in den Garten und setzte mich unter einen Baum. Tief atmete ich den berauschenden Duft der Nacht ein und schloss die Augen. Meine Gedanken wanderten zurück in die Vergangenheit. Alles, was ich bisher erlebt hatte, wurde vor meinem inneren Auge lebendig. Ich durchlebte alles Schreckliche und Schöne aufs Neue und ganz langsam begannen die bösen Erinnerungen zu verblassen. Es blieben die wenigen Guten und diese nahm ich mit, als ich aufstand und mich auf den Heimweg machte.

Als ich die Dorfstraße erreicht hatte, sah ich mich noch einmal um. Der Mond tauchte die ländliche Idylle in sanft schimmerndes Licht. Die Leere, die sich in mir ausgebreitet hatte, wich zurück. Mit einem Lächeln nahm ich Abschied.

Der Übergang

Die Welt hatte sich verändert. Ich hatte mich verändert. Als ich die Dorfstraße entlang lief, auf die raue Wirklichkeit zu, traf ich eine Entscheidung. Es war eine Entscheidung, die mein weiteres Leben nachhaltig beeinflusste.

Seit ich weggelaufen war, hatte ich keinen Gedanken daran verschwendet, was H und R vielleicht unternehmen würden, um mich zurück zu holen. Auf meinem Weg nach Hause gingen mir dann verschiedene Szenarien durch den Kopf. Vielleicht waren sie allein losgezogen, um mich zu suchen. Vielleicht hatten sie die Nachbarn gebeten, bei der Suche zu helfen. Bei diesem Gedanken konnte ich mir das Schmunzeln nicht verkneifen. Niemals hätten sie die Nachbarn um Hilfe gebeten. Nachdem ich weg war, haben sich alle Zuschauer mit Sicherheit schnellstens in ihre Behausungen zurück gezogen. Keiner hätte sich die Blöße gegeben, nachzufragen, was sich da eigentlich abgespielt hatte. Und R wäre es viel zu peinlich gewesen, auf eventuelle Fragen Antwort zu geben. Trotzdem spann ich den Gedanken weiter. Was hätte sie gesagt, wenn wirklich Fragen gekommen wären. Ich nehme an, sie hätte behauptet, dass ich grundlos ausgerastet wäre. Völlig überraschend für beide und dass sie auch nicht wüssten, was mit mir los wäre. Ob das jemand geglaubt hätte? Es stellte sich jedoch heraus, dass H und R nichts unternommen hatten. Vielleicht hielten sie das für das Klügste in der Situation und diese Entscheidung war auch richtig.

Als ich im Garten ankam, saßen beide auf der Terrasse. Die Scherben waren verschwunden, alles war aufgeräumt. Nichts erinnerte mehr an meinen Ausbruch vor wenigen Stunden. Auf dem Tisch standen Kerzen und eine Flasche Weinbrand, die bereits halb leer war. Ich setzte mich dazu und sah beide lange an. Es kam nichts. Keiner sprach ein Wort. Ich hatte damit gerechnet, dass mein Wutausbruch zur Sprache kommen würde. Wenn das jedoch der Fall gewesen wäre, hätten sie einen erneuten Anfall erlebt, dessen war ich mir sicher. Das sahen sie wohl genauso und so schwiegen sie beide. Es war offensichtlich, dass beide darauf warteten, dass ich das Wort ergriff.

Ich spielte mit dem Gedanken, mir auch einen Drink zu einzuschenken. Sicher hätte dann wenigstens einer von beiden darauf reagiert und mich angesprochen. Aber ich verzichtete auf den Drink und stellte die Frage, die unausweichlich kommen musste. Die Frage nach dem Warum. Ich bekam eine erstaunliche Antwort. Sie sagten mir, ich sollte im Heim lernen, wie man ein Elternhaus gebührend schätzt. Ihrer Meinung nach hätte ich genau das nie getan. Das war dann wohl der Gipfel der Ironie. Wie sollte ich etwas schätzen lernen, was es nie gab? Diese Frage stellte ich dann auch. R meinte, sie hätten ihr Bestes getan, aber ich hätte alles Gute mit Füßen getreten. Sie seien nun am Ende und wüssten sich keinen Rat mehr. Ich musste fast lächeln, als ich das hörte. Es wäre wohl eher ein irres Lachen geworden. Sie wussten sich also keinen Rat mehr, hatten ihre Möglichkeiten ausgeschöpft. Für mich hieß das, sie hatten mich auf jede erdenkliche Weise gequält und nun gingen ihnen die

Alternativen aus. Ist doch klar, dass das Familienleben dann keinen Spaß mehr macht.

In ihren Augen war ich jedenfalls schwer erziehbar und sie wären dieser Aufgabe nicht gewachsen. Ich war sprachlos. Fürs Erste jedenfalls. Wieder kochte die Wut in mir hoch und ich fragte, ob all die schlimmen Sachen, die mir angetan wurden über die Jahre, Erziehungsmaßnahmen waren. Natürlich bestätigte R genau das. Ich konnte nicht glauben, was ich da hörte. Ihrer Meinung nach war das Alles gerechtfertigt. In diesem Moment wurde mir klar, dass ich es im Heim vielleicht sogar besser haben würde, als bei diesen beiden Menschen. H sagte die ganze Zeit kein Wort. Er füllte sich sein Glas und zündete sich eine Zigarette nach der andern an.

Die Sache war beschlossen und nichts würde daran etwas ändern. Also sprach ich ihn direkt an. Ich wollte es von ihm hören. War er damit einverstanden? War er derselben Meinung? Diesmal konnte er mir nicht ausweichen und ich bekam Antwort. Er sagte, er sei derselben Meinung, konnte mir aber auch dabei nicht in die Augen sehen. Ein verlogenes, feiges Häufchen Dreck saß da vor mir. Mir fehlten die Worte. Ich sah ihn lange an. Verachtung pur. Und genau das sagte ich ihm. Er füllte sein Glas und ich sagte ihm, er solle daran ersticken. Ich hatte mit diesen beiden Menschen abgeschlossen, also konnte ich jetzt auch alles loswerden, was mir auf der Seele lag. Und das war nicht wenig. So vieles kam in dieser Nacht zur Sprache. Aber alles, was gesprochen wurde, änderte nichts daran, dass sich am nächsten Tag mein Leben für immer ändern würde. Wieder einmal.

An Schlaf war in dieser Nacht nicht zu denken. Ich lag in meinem Bett und dachte nach. Trostlosigkeit hüllte mich ein. Die stetige Frage nach dem Warum brachte meinen Kopf fast zum platzen. Zum ersten Mal fühlte ich mich in meinem kleinen Kämmerchen wie in einer Zelle. Ich stand auf und schlich hinaus. Da ich sowieso nicht schlafen konnte, wollte ich meine letzte Nacht dort verbringen, wo ich am liebsten war. Draußen in der Natur. Ich lief einmal durch den ganzen Garten und hielt an jedem Baum und jedem Strauch. Die Augustäpfel dufteten herrlich. Als ich einen aß, war das ein Gefühl, als hätte ich nie zuvor etwas Besseres gegessen.

Die vordere Rasenfläche war umsäumt von Blumenbeeten. Ich berührte jede einzelne von ihnen. Leise weinte ich vor mich hin, denn ich wusste, ich würde das alles hier nie wieder sehen. Das Gefühl der Traurigkeit in diesem Moment lässt sich nicht in Worte fassen. Am liebsten hätte ich mir mein Fahrrad aus dem Schuppen geholt und wäre losgeradelt. Zu meiner kleinen Oase mitten auf dem See, um dort nie wieder weg zu gehen. Der Schuppen jedoch war verschlossen und wie jemand mit Bleigewichten an den Füßen schlurfte ich zurück in mein Kämmerchen und legte mich ins Bett. Als der Morgen dämmerte schlief ich ein.

Es gab ein letztes gemeinsames Frühstück. Wir saßen auf der Terrasse in der Morgensonne und der Garten glitzerte von tausenden Tautropfen. Ich fühlte mich wie zerschlagen und bat R um einen Kaffee. Einen richtigen Kaffee. Und ich bekam ihn tatsächlich, ohne weitere Fragen. Man sah mir wohl an, dass ich einen gebrauchen konnte, selbst mit meinen dreizehn Jahren. Die heiße Flüssigkeit brannte mir in der Kehle und schmeckte nicht sehr angenehm, tat aber ihre Wirkung. Als H seine Zigarette rauchte, räumte R den Tisch ab. Ich beteiligte mich nicht daran. Wozu auch? Bis gestern war das stets eine meiner Aufgaben, meist noch gefolgt vom Abwasch. Von nun an würde sie das wohl immer tun, aber es gab ja in Zukunft auch ein Gedeck weniger und war somit sicherlich zu schaffen. Ich holte meine Lieblingspuppe und stellte mich ans Gartentor.

Die Fahrt zum Heim dauerte nicht sehr lange, denn es war nicht weit weg. Gesprochen wurde unterwegs nicht. Als wir dort ankamen, hatte ich kein Auge für die Umgebung. Ich hielt den Kopf gesenkt, als wir das Haus betraten und ich dem Heimleiter vorgestellt wurde. Im vorderen Eingangsbereich standen ein Tisch und ein paar Sessel und dort musste ich warten, während H und R mit dem Heimleiter sprachen.

Wenn ein Neuzugang ins Heim kam, sprach sich das natürlich schnell herum und so kamen nach und nach Kinder verschiedenen Alters, um mich zu begutachten. Angesprochen hat mich jedoch niemand. Dann kam der Moment des Abschieds. Darüber hatte ich vorher noch nicht nachgedacht und so stand ich einfach nur da und sah die beiden an. R wollte mir die Hand geben; eine völlig unpassende Geste. Ich sah ihr in die Augen und behielt meine Hände auf dem Rücken. In meinem Gesicht bewegte sich nichts. Dann kam H auf mich zu und versuchte tatsächlich mich zu umarmen. Ich war fassungslos und stieß ihn weg. Er schaute mich an wie ein geprügelter Hund und ich gönnte ihm das von Herzen. Dann verließen beide das Haus und waren kurz darauf verschwunden aus meinem Leben. Dachte ich zu diesem Zeitpunkt jedenfalls. Es stellte sich jedoch heraus, dass dies ein Irrtum war. Aber dazu an anderer Stelle mehr.

Nachdem H und R weg waren, hatte ich ein Gespräch mit dem Heimleiter. Er war ein imposanter Mann. Respekt einflößend. Groß und breitschultrig, mit einem Vollbart und einer tiefen Stimme. Als er mit mir sprach, hatte ich das Gefühl, in meinem Sessel immer kleiner zu werden. Er erläuterte mir die Gepflogenheiten des Alltags im Heim und stellte mich dann der Erzieherin vor, die an diesem Tag Dienst hatte. Sie führte mich durch das große Haus und zeigte mir das Zimmer, in dem ich von nun an wohnen würde. Ein Zimmer, dass ich mit drei anderen Mädchen teilte, die ich nicht kannte und die alle älter waren als ich. Das machte mir furchtbare Angst. In letzter Sekunde wurde mir bewusst, dass ich wie ein kleines Kind nach der Hand der Erzieherin greifen wollte. Erschrocken zog ich sie zurück. Ich hielt immer noch meine Puppe im Arm, die ich nun fest an mich drückte. Die Erzieherin übergab mich einem der Mädchen. Sie sollte mir nun das Gelände ringsumher zeigen. Als erstes nahm sie mir meine Puppe weg und legte sie auf mein Bett. Sofort fühlte ich mich, als hätte mir jemand eine stützende Krücke weg gerissen. Aber sie lächelte mich an und brachte mich dann nach draußen.

Zum ersten Mal wurde mir bewusst, in welch schöner Umgebung ich mich befand. Das Heim war ein altes Jagdschloss. Es lag außerhalb der Stadt an einem See, umgeben von Wald und Feldern. Wir liefen den kurzen Weg hinunter zum See und setzten uns dort auf eine Bank. Nur der Duft und die Geräusche der Natur. Es war das, was ich liebte und ich fühlte mich besser. Das Mädchen fragte mich, ob ich rauchen würde. Aus unerfindlichen Gründen antwortete ich mit ja. Natürlich hatte ich noch nie zuvor geraucht und der Zigarettenqualm von H war mir immer sehr unangenehm gewesen. Aber nun hatte ich ja gesagt und wollte das natürlich nicht zurück nehmen, obwohl ich höllische Angst davor hatte. Ich nahm die angebotene Zigarette und zündete sie an. Um nicht wie ein Anfänger zu wirken, hatte ich den ersten Zug tief inhaliert und bereute es sofort. Der Rauch schnürte mir die Kehle zu und ich hatte das Gefühl, meine Lunge würde explodieren. Mir wurde so schwindelig, dass ich fast von der Bank fiel. Eine Welle der Übelkeit kam über mich und ich fing an zu würgen. So schlimm hatte ich mir das nicht vorgestellt. Ich schwor mir, nie wieder eine Zigarette anzufassen. Aber gute Vorsätze halten oft nicht lange und ich wurde rückfällig. Trotz dieser äußerst unangenehmen Erfahrung beim ersten Mal, tat ich es kurz darauf wieder. Die zweite Zigarette war nicht mehr so schlimm und die Dritte war bereits ein Genuss. Rauchen war im Heim ab sechzehn Jahren offiziell erlaubt. Also tat ich es zunächst heimlich und auch nicht sehr oft, denn ich hatte nicht das Geld dafür.

Ich lernte an diesem Tag noch etliche Kinder kennen und mit einigen verstand ich mich von Anfang an ganz gut. Trotzdem blieb die Unsicherheit und die Angst vor dem, was noch auf mich zukommen würde. Dass diese Angst begründet war, zeigte sich bereits am nächsten Tag.

Böses Erwachen

Es heißt, dass die erste Nacht die Schlimmste ist, wenn man irgendwo fremd ist. Rückblickend kann ich das nur bestätigen. Meine erste Nacht im Heim war furchtbar. Ich konnte lange nicht einschlafen und hatte Albträume. Die Geräusche anderer Menschen im Zimmer waren so ungewohnt und neu. Alles wirkte fremd und unwirklich. Immer wieder wachte ich auf und wusste nicht, wo ich war. Das einzig Vertraute war meine Puppe und ich hielt sie fest an mich gedrückt.

Am nächsten Morgen erwachte ich außerhalb von Raum und Zeit. Mir schwirrte der Kopf und ich fühlte mich hundeelend. Die anderen Mädchen sagten, ich solle mich anziehen und dann zum Frühstück in den Speisesaal kommen. Der Heimleiter war anwesend, also wurde besonderer Wert darauf gelegt, dass alle pünktlich an ihrem Platz saßen. Wenn der Chef im Haus war, hatte alles reibungslos zu laufen. Das wussten natürlich alle. Alle außer mir. Aber an diesem Tag lernte auch ich es. Und das auf die denkbar schlimmste Weise.

Wir saßen jeweils zu viert an einem Tisch und ich hatte das Pech, mit drei älteren Jungs zusammen zu sitzen. Ob das absichtlich so arrangiert wurde, weiß ich bis heute nicht. Das Essen wurde zugeteilt. Jeder bekam einen Teller, auf dem zwei halbe Brötchen lagen. Wer mehr wollte, bekam natürlich mehr. Aber was man auf dem Teller hatte, musste aufgegessen werden. Ich hatte nach der vergangenen Nacht überhaupt keinen Appetit und die drei Gesellen an meinem Tisch trugen noch mehr dazu bei. Hinzu kam, dass ich Brötchen mit Marmelade auf meinem Teller liegen hatte und dieser Anblick verursachte fast so etwas wie Übelkeit bei mir. Dieses schmierige rote und gelbe Zeug, dass da lieblos auf einer viel zu dicken Schicht Butter verteilt war, hatte nichts mit dem zu tun, was ich unter Marmelade verstand. Diesbezüglich war ich viel zu verwöhnt von zu Hause. Dort wurde immer alles selbst gemacht. Apfelmus, Pflaumenmus und natürlich Marmelade. Diese hatte große Fruchtstücke, enthielt kaum Zucker und schmeckte einfach köstlich. Aber trotz dieser leckeren Eigenschaften konnte ich sie morgens nicht essen. Das war schon immer so bei mir. Morgens brauchte ich etwas Herzhaftes. Ich liebte die bäckerfrischen Brötchen, die fast noch warm waren und legte mir nur eine Scheibe Käse darauf. Auf Butter verzichtete ich meist ganz oder kratzte gerade so viel aufs Brot, dass die Wurst nicht herunterfiel.

Wurst und Käse gab es im Heim aber nur abends und da konnte man auch wählen. Morgens jedoch waren die Brötchen bereits fertig geschmiert und so bekam man sie auf den Teller gelegt. Ich wusste, ich würde diese ekligen Dinger da vor mir auf dem Tisch niemals essen können und so weigerte ich mich strikt. Mir war ja zu diesem Zeitpunkt nicht bekannt, welche Konsequenzen diese Weigerung nach sich ziehen würde.

Einer der Jungen an meinem Tisch sagte dann zu mir, ich solle endlich anfangen zu essen. Ich zuckte zusammen und rührte mich nicht. Er fasste mir unters Kinn, hob meinen Kopf an und sah mir in die Augen. Er sagte leise aber eindringlich "Iss!". Ich hatte schreckliche Angst. Auf keinen Fall hätte ich zu diesem Zeitpunkt etwas essen können. Aber in seinen Augen lag keine Wut, eher etwas Beschwörendes, das mich verwirrte. Er sah aus, als meinte es nur gut mit mir. Dieser Blick schien mich zu warnen, aber nicht vor ihm, sondern vor etwas anderem. Etwas Schlimmem, das ich bis dahin noch nicht kannte. Und ich hatte Recht mit dieser Vermutung.

Alle waren fertig mit essen, nur auf meinem Teller lagen nach wie vor die zwei halben Brötchen. Etwa dreißig Augenpaare starrten mich böse an. An einem Ecktisch saßen der Heimleiter und zwei Erzieher. Einer von ihnen sagte zu mir, ich solle aufessen. Ich erwiderte, dass ich keinen Hunger habe und nicht essen will. Der Heimleiter stand auf und verkündete, dass niemand diesen Raum verlassen dürfte, ehe ich nicht aufgegessen habe. Das war ziemlich übel, denn wir hatten den letzten Ferientag und herrliches Wetter draußen. Mir war klar, dass ich mit meinem Verhalten unweigerlich Ärger provozierte und dass alle sauer auf mich waren. Trotzdem konnte ich einfach nicht essen. Selbst die Angst vor den möglichen Konsequenzen brachte mich nicht dazu. Meine Kehle war wie zugeschnürt. Der Heimleiter hielt an seiner Drohung fest und ließ die gesamte Mannschaft eine geschlagene halbe Stunde im Speisesaal sitzen. Zur

Untätigkeit gezwungen saßen alle herum und man spürte förmlich, wie sich die Atmosphäre im Raum mit Zorn auflud. Dann wurden alle in die lang ersehnte Freiheit entlassen. Mit einem Kopfnicken erteilte der Heimleiter einigen Älteren den Befehl, mich für mein Verhalten zu bestrafen.

Ich hatte mich in mein Zimmer geflüchtet und wollte eigentlich nur noch raus. Doch dazu kam es nicht. Die Tür ging auf und sieben ältere Jungen und Mädchen kamen herein. Einer der Jungen sagte mir, ich solle meine Hose runterziehen. Ich hielt das für einen miesen Scherz und tat nichts dergleichen. Daraufhin bekam ich eine Ohrfeige, die so weh tat, dass mir beide Ohren klingelten. Wie ein Boxer nach einem gut platzierten Haken ging ich zu Boden. Meine Brille ging dabei zu Bruch und meine Lippe platzte auf. Ich war völlig geschockt. Gleichzeitig kochte eine unbändige Wut in mir hoch. Mein ganzes Leben lang hatte ich Schläge ertragen müssen und nun erdreistete sich dieser Großkotz, dessen Namen ich nicht einmal kannte, mir ins Gesicht zu schlagen. Ich stand auf und wischte mir das Blut von der Lippe. Als ich ihn ansah, muss in meinen Augen wohl so etwas wie Wahnsinn gelegen haben, denn er trat einen Schritt zurück. Die anderen sechs packten mich dann und warfen mich auf das Bett. Obwohl in der Überzahl, schafften sie es nicht, mir die Hosen runter zu ziehen. Ich trat und schlug um mich, rasend vor Wut. Sie konnten mich nicht bändigen, also ließen sie es dabei bewenden, mit einem Badelatschen aus Gummi einfach drauf los zu schlagen. Mein Rücken bekam einiges ab, was ziemlich schmerzhaft war. Nach ein paar Minuten ließen sie von mir ab. Es war ihnen wohl zu anstrengend geworden, denn noch immer wand ich mich wie ein Fisch auf dem Trockenen.

Als sie das Zimmer verlassen hatten, zog ich meine Kleidung zurecht und setzte mich aufs Bett. Ich konnte es immer noch nicht fassen. Es war einfach zu absurd, was mir da gerade passiert war. Und das nur, weil ich nicht essen wollte. Ich raffte mich auf und lief hinunter zum See. Die Badestelle war natürlich gut besucht und so lief ich weiter am Ufer entlang und suchte mir ein stilles Plätzchen. Dort saß ich dann, die Beine im Wasser, und dachte nach. Ich wurde mir meines ganzen Elends bewusst und stand erneut vor einem Abgrund. Die gerade erlebte Demonstration von Überlegenheit und Willkür trieb mir die Tränen in die Augen. Ich befand mich im Niemandsland und suchte verzweifelt das Licht im Nebel.

Als ich ins Heim kam, dachte ich, ich käme vom Regen in die Traufe. Das erwies sich als Blödsinn, denn ich kam von einer Hölle in die nächst Schlimmere. Wenn ich der Meinung war, ich würde es hier vielleicht sogar besser haben als bei H und R, wurde ich sehr schnell eines Besseren belehrt.

Es gab also kein Licht im Nebel, es sei denn, ich würde es selbst erschaffen. Und genau das hatte ich vor. Ich hob den Kopf und spürte, wie meine Schultern sich strafften. Ein Gefühl der absoluten Ruhe und Klarheit breitete sich in mir aus. Es war wie ein Rausch. Mit Gott als einzigem Zeugen legte ich einen Schwur ab. Niemand würde mir je wieder weh tun. Genug der Ungerechtigkeiten und Schläge. Ich stand zwar nicht mit erhobener Faust da wie Scarlett O'Hara, aber es hatte trotzdem etwas theatralisches an sich. Ein gewaltiges, nie gekanntes Gefühl durchströmte mich. Es war unumstößlich. Es war mein ureigenstes Gebot. Meine Bibel, bestehend aus meinem Gesetz. Ich würde jeden vernichten, der versucht, mir etwas anzutun.

Den Rest des Tages blieb ich am See. Ich verzichtete auf das Mittagessen und niemand behelligte mich deswegen. Als ich zum Abendbrot wieder am Tisch saß, sprach keiner mit mir. Meine Lippe war etwas geschwollen und tat immer noch weh. Trotzdem aß ich mit großem Appetit. Die, die mich verprügelt hatten, grinsten mich höhnisch an. Sie dachten wohl, ich esse weil ich muss und dass die Prügel mir eine Lehre waren. Wie sehr sie sich doch täuschten diese Kleingeister. Ich gönnte mir den Spaß und grinste zurück. Es war ein diabolisches Grinsen, an dem die Augen nicht beteiligt waren. Nur die Reißzähne fehlten in diesem Gesicht. Aber die hatte ich an diesem Tag innerlich geschaffen und vielleicht sahen sie das, denn sie alle schauten weg.

Der Junge an meinem Tisch, der versucht hatte, mich mit seinem Blick zu warnen, nahm mich nach dem Essen beiseite, um mit mir zu reden. Ich sagte ihm, dass ich dankbar dafür war, dass er versucht hatte, mir zu helfen. Nur hatte er keine Chance, weil ich die Regeln noch nicht kannte. Deshalb musste ich diese Erfahrung machen. Musste lernen, wie es läuft. Und das war gut so. Ich sagte ihm, er brauche sich keine Sorgen um mich zu machen. Ich sagte es ihm mit einem Lächeln im Gesicht. Und dieses Lächeln war echt. Wir wurden gute Freunde.

Das Licht im Nebel

Nach der ersten Abreibung ist man im Heim so etwas wie Freiwild. Zum Abschuss frei gegeben. Es sei denn, man beweist das Gegenteil. Eine ganz einfache Regel. Lass dich treten oder tritt selber zu. Alle wussten, was mir nach dem Frühstück widerfahren war. Und als am nächsten Tag die Schule wieder anfing, hatte ich die Gelegenheit, das unter Beweis zu stellen, was ich mir tags zuvor geschworen hatte. Natürlich hatte ich nicht damit gerechnet, dass das so schnell gehen würde.

Wir hatten Jemanden bei uns, der morgens das Brotpapier verteilte. Die Brote für die Schule machten wir uns beim Frühstück selber. Dann nahmen wir sie mit aufs Zimmer und der Junge mit dem Brotpapier machte seine Runde. Eine Regel, die ich natürlich noch nicht kannte. Und eine Regel, die mir völlig unsinnig erschien. Hätte das nicht jeder selbst im Speisesaal erledigen können?

Der Junge, der durch die Zimmer lief war ziemlich korpulent, deshalb nannten ihn alle nur Dicker. Er war zwei Jahre jünger als ich und ungefähr einen Kopf kleiner. Eigentlich war er Länge mal Breite in Person. Ich ging jedenfalls davon aus, dass es unsinnig war, die Brote erst mit ins Zimmer zu nehmen und nahm mir mein Papier selbst. Damit hatte ich gegen ein Gebot verstoßen und war in sein Heiligtum eingedrungen, denn er nahm diese Sache sehr ernst. Wie ernst, das merkte ich, als er sah, was ich getan hatte. Er kam auf mich zu, völlig entrüstet, und fragte mich, was das soll. Ich stand dieser Frage und der entrüsteten kleinen Person vor mir verständnislos gegenüber. Meine Erklärung war einfach, aber er sah das wohl nicht so. Er holte aus und schlug mir ins Gesicht. Ich war völlig perplex, denn damit hatte ich nicht gerechnet. Die Absurdität dieser Situation brachte mich zum Lachen. Der Dicke verließ das Zimmer und die anderen Mädchen schauten mich blöd an. Sie konnten nicht verstehen, was mich daran so zum Lachen brachte.

Natürlich sprach sich das rasend schnell herum und ich glaube, alle warteten auf eine Reaktion von mir. Aber ich unternahm nichts. Vorerst. Wir machten uns bereit für die Schule und liefen los. Da wir außerhalb der Stadt waren, fuhren wir alle zusammen mit dem Bus zur Schule. Bis zur Haltestelle an der Straße waren es ungefähr fünfhundert Meter zu laufen. Ein Erzieher begleitete uns dorthin.

Als wir an der Haltestelle ankamen, stellte ich mich etwas abseits. Der Dicke kam auf mich zu und fing an, mich zu beschimpfen. Er war sich wohl seiner Sache sicher und wollte eine große Show abziehen. Allen anderen zeigen, was ich für ein Jammerlappen war. Seine verbale Attacke, ziemlich plump ausgeführt übrigens, ließ mich kalt und ich lächelte ihn nur müde an. Wahrscheinlich machte ihn das noch wütender und ich genoss es zusehends. Inzwischen hatten sich alle um uns versammelt und bildeten eine Art Arena um den Dicken und mich. Der Erzieher stand abseits und mischte sich nicht ein. Das taten sie übrigens nie.

Es war Showtime. Der Dicke kam auf mich zu und holte zum Schlag aus. Ich duckte mich weg und trat im kräftig in den Bauch. Er sackte zusammen. Die Stille war überwältigend. Ich sah mich um und wusste, ich hatte es geschafft. Der Dicke keuchte und hatte Probleme, wieder auf die Beine zu kommen. Niemand half ihm. Dann kam der Bus.

Als wir am Nachmittag wieder zurück fuhren, setzte sich der Dicke im Bus neben mich. Er entschuldigte sich bei mir. Wir unterhielten uns, bis wir wieder zu Hause waren. Ich erfuhr seinen richtigen Namen und dass er schon seit drei Jahren im Heim war. Er hatte nicht viele Freunde und versuchte einfach nur zu überleben. Wie die meisten in dieser Hölle. Die, die kleiner waren als er, hatten nur auf Grund seiner Körperfülle

Respekt vor ihm. Er hatte sich noch nie mit jemandem angelegt, der größer oder älter war als er. Das mit mir hatte er nur getan, weil ich bereits verprügelt wurde und er dachte, dass ich mir alles gefallen lasse. Für die Großen war er nur eine Witzfigur und darunter litt er sehr. Das konnte ich gut verstehen und sagte ihm das auch. Seit diesem Tag schaute er zu mir auf und wurde mir ein ergebener Freund. Mit wahrer Ritterlichkeit wehrte jeden Angriff gegen mich ab und verteidigte vehement meinen Ruf. Ich nannte ihn manchmal meinen kleinen Schatten, weil er immer da war, wo ich war und immer darauf bedacht, Böses von mir fernzuhalten. Unsere Freundschaft hatte über die Jahre Bestand, die ich dort war.

Die Aktion an der Bushaltestelle hatte den Effekt, den sie haben sollte. Ich hatte mich für alle sichtbar zur Wehr gesetzt und niemand fasste mich je wieder an.

Unverhofft kommt oft

Die nächsten Monate im Heim waren geprägt von Routine. Ich hatte mich eingelebt und kam ganz gut zurecht. Meine neuen

Mitschüler hatten sich an mich gewöhnt und ich mich an sie. Das war anfangs nicht so einfach.

Wie schon erwähnt durfte ich keine Kleidung von zu Hause mitnehmen, als ich ins Heim kam. Nun könnte man meinen, das sei nicht sonderlich schlimm gewesen. Denn wie wir wissen, wurde ich dort nicht gerade verwöhnt mit solchen Dingen. Aber im Heim konnten sie noch einen drauf setzten. Was ich dort zum anziehen bekam war einfach schrecklich. Es gab im Keller einen Raum, der sich Kleiderkammer nannte. Dort wurden jedes Wochenende die Sachen ausgegeben, die Alltagsklamotten genannt wurden. Was dort in den Schränken vor sich hingammelte war erschreckend. Zum Glück mussten wir diese Sachen nur im Haus tragen und je älter wir wurden, desto weniger achteten die Erzieher darauf, dass wir diese Scheußlichkeiten auch wirklich trugen. Niemand tat das freiwillig. Man unterlag da wie bei vielen Dingen einem Zwang, dem man sich kaum entziehen konnte. Für die restliche Kleidung gab es pro Kind ein Budget von eintausend Mark im Jahr. Klingt im ersten Moment viel, dieser Illusion unterlag ich auch. Doch wenn man bedenkt, dass man damals allein für eine Winterjacke dreihundert Mark hinblättern musste, schrumpft die Illusion.

Da ich einen Tag vor Schulbeginn erst in dieses Etablissement kam, musste ich natürlich erst einmal mit dem vorlieb nehmen, was da war. Das Ergebnis waren blaue Kordhosen, die mir zu kurz waren und lächerlich aussahen. Aber ich konnte nichts dagegen tun und musste so zur Schule. Ich schämte mich fürchterlich und traute mich nicht, irgendjemanden anzusehen. Es gab einen Fahnenappell auf dem Hof zur Einleitung des neuen Schuljahres. Der Direktor hielt eine nette Ansprache und dann gingen wir alle in unsere Klassenräume. Ich kam in die achte Klasse, zu Kindern, die sich bereits seit der ersten Klasse kannten. Alle sahen mich an wie ein Alien. Ich glaubte, nur spöttische Blicke zu sehen und gab böse Blicke zurück. Unbegründet, wie sich bald darauf zeigte. Niemand machte sich über mich lustig. Im Gegenteil. Am Ende des ersten Schultages hatte ich zu allen in meiner Klasse ein gutes Verhältnis. Ein paar Jungen taten sich dabei besonders hervor. Anfangs dachte ich, das liegt nur daran, weil ich die Neue war. Es ist wie bei Spielzeug. Mit Neuem beschäftigt man sich anfänglich intensiv, bis das Interesse dann langsam nachlässt.

Aber es lag nicht nur daran. Dieses Phänomen konnte ich später noch einmal beobachten, als ich während meiner

Ausbildung im Internat wohnte. Wieder eine völlig neue Umgebung mit völlig neuen Menschen, aber dieselben Reaktionen wie jetzt in der Schule. Ich habe nie verstanden, warum das so war denn ich war wirklich kein großer Hingucker. Durch den Sport war ich schlank und drahtig aber mein Gesicht war nicht das Hübscheste. Das empfand ich jedenfalls immer so. Im Internat klärten mich die Mädchen dann darüber auf, warum die Jungen so auf mich reagierten.

Einerseits waren es meine blauen Augen. Sie hatten eine ungewöhnlich leuchtende Farbe, besonders im Sommer. Wenn meine Haut schön gebräunt war, sah es aus, als hätte ich zwei kleine blaue Seen im Gesicht. Das war schon auffallend, aber ich hatte dem nie viel Bedeutung beigemessen.

Die andere Sache war mein verschlossenes Wesen. Ich war zwar meist witzig und nett, ließ aber nie wirklich jemanden an mich heran. Dadurch umgab mich so etwas wie eine geheimnisvolle Aura, was die Leute noch neugieriger machte. Ich wurde oft von meinen Mitschülern gefragt, warum ich denn im Heim gelandet bin. Die Antwort blieb ich ihnen stets schuldig. Da ich gute Manieren und gute Schulnoten hatte, gingen sie davon aus, dass nicht ich selbst es verschuldet hatte, sondern das Opfer eines Familiendramas war. Wie

Recht sie doch hatten. Ich war jedoch nicht bereit, über dieses Drama zu sprechen und das machte mich noch interessanter. Was hätte ich ihnen auch erzählen sollen? Sie alle kamen aus behüteten Familien. Waren unter normalen Bedingungen und in liebevoller Umgebung aufgewachsen. Hatten keine Ahnung davon, wie grausam das Leben sein kann. Ob sie mir geglaubt hätten, wenn ich die Geschichte meines Lebens erzählt hätte? Vielleicht hätten sie mich fortan nur noch mitleidig angesehen. So etwas konnte ich nicht gebrauchen. Also beließ ich es dabei und erzählte nichts.

Als ich den ersten Monat im Heim hinter mich gebracht und mich allmählich an alles gewöhnt hatte, bekam ich am letzten Sonntag überraschend Besuch. Ich staunte nicht schlecht, als kurz nach dem Mittagessen der Heimleiter zu mir kam und sagte, H und R wären da, um mich zu sehen. Niemand hatte mir gesagt, dass der letzte Sonntag im Monat der Besuchersonntag ist. Es gab tatsächlich etliche Kinder, deren Eltern an diesem Tag im Heim erschienen. Für mich war das unbegreiflich. Ein Kind ins Heim geben und es dann regelmäßig besuchen? Das ergab in meinen Augen keinen Sinn. Und wenn man die Umstände bedenkt, die mich ins Heim brachten und die Gründe dafür, ist es noch erstaunlicher, dass H und R dort auftauchten.

Was sollte das? Ich wollte mit diesen beiden Menschen nichts mehr zu tun haben und nun stand ich ihnen erneut gegenüber. Sie hatten einen Koffer dabei und ich musste mich schon sehr beherrschen um nicht zu fragen, ob sie nun auch hier einziehen wollen. Die Situation war einfach nur grotesk.

In dem Koffer befand sich meine Kleidung von zu Hause, die ich nach deren Aussage ja nicht mitnehmen durfte. R sagte, da hätten sie sich geirrt und ich dürfte sie nun doch haben. Also hatte sie das wohl nur aus reiner Boshaftigkeit gesagt. Wie immer. Darüber konnte ich nur müde lächeln und lehnte den Koffer dankend ab. Ich wollte nichts haben von den beiden, auch wenn es früher mir gehörte. Sollten sie sich Putzlappen daraus machen oder alles verbrennen, mir war es egal. Nachdem das also geklärt war, sagte ich, dass ich noch eine Menge für die Schule zu tun hätte und verabschiedete mich. Somit belief sich die Dauer des Besuches auf etwa zehn Minuten und selbst das war noch zuviel.

In der folgenden Woche schrieb ich H und R einen Brief, in dem ich sie bat, von weiteren Besuchen abzusehen, da ich keinen Wert darauf legte. Um so erstaunter war ich, als sie am nächsten Besuchersonntag wieder da waren. Man hätte meinen können, sie vermissten mich schrecklich. Natürlich fragte ich, was das soll und ob sie denn meinen Brief nicht erhalten hätten. Die Antwort war verblüffend. Beide waren der Meinung, dass es nicht wirklich mein Ernst sein könnte, dass sie mich nicht besuchen sollen. Mir entgleisten förmlich die Gesichtszüge, als ich das hörte. Diese unglaubliche Ignoranz machte mich sprachlos.

Als ich den beiden dann in knappen Worten unmissverständlich klar gemacht hatte, dass es tatsächlich mein Ernst war, hatten sie es wohl endlich begriffen und zogen beleidigt von dannen. Ich atmete tief durch und gab mich dem wunderbaren Gefühl hin, H und R nun nie wieder sehen zu müssen. Aber da hatte ich mich getäuscht.

Die nächsten Monate verliefen relativ ereignislos und dann stand Weihnachten vor der Tür. Viele Kinder fuhren über die Feiertage zu ihren Familien. Für mich stand jedoch fest, dass ich Weihnachten nirgendwo hinfahren würde. Früher hatte ich mich immer auf Weihnachten gefreut und das nicht nur wegen der Geschenke. Es war die friedliche Stimmung, die diese Zeit mit sich brachte. Selbst R schaltete in jenen Tagen immer einen Gang runter. Wir kauften Geschenke, machten Familienbesuche und schmückten gemeinsam den Tannenbaum. Man hätte uns fast für eine liebevolle, intakte Familie halten können.

Ich musste an Heilig Abend immer ein kleines Programm aufführen, bevor es zur eigentlichen Bescherung kam. Also sagte ich ein Gedicht auf, sang ein Lied und spielte etwas auf meiner Flöte vor. Das war Bedingung, ohne das gab es keine Geschenke und die wollte ich natürlich haben. Die Verwandtschaft im Westen schickte mir meist Kleidung und Süßigkeiten. Auf die Kleidung freute ich mich aus verständlichen Gründen immer sehr. Die Klamotten trug ich dann auch freiwillig, bis sie zu klein waren. Für die Süßigkeiten hatte ich, auch aus verständlichen Gründen, nicht viel übrig.

Ich hatte keine Ahnung, wie sich das Weihnachtsfest im Heim gestalten würde, machte mir aber trotzdem keine Gedanken darüber. H und R hatten mir einen Brief geschrieben und darum gebeten, dass ich nach Hause kommen soll. Sie würden sich sehr auf mich freuen. Ich musste lachen, als ich das las. Allein der Gedanke, dass ich das Fest der Feste bei ihnen verbringen würde, war völlig absurd. Ich schrieb nicht zurück.

Ein paar Tage vor Weihnachten kam dann ein Anruf von H und R. Der Dienst habende Erzieher kam zu mir ins Zimmer und sagte, meine Eltern wären am Telefon und wollten mit mir sprechen. Da ich wusste, was sie wollten, sparte ich mir den Weg ins Büro und bat den Erzieher, meinen Eltern auszurichten, sie könnten mich mal. Er sah mich verdutzt an, sagte aber nichts dazu. Ich nehme an, dass er das nicht wörtlich weiter gegeben hat. Damit war das Thema erledigt und ich freute mich auf ruhige und besinnliche Tage.

Während der Weihnachtsferien blieben nur etwa eine handvoll Kinder im Heim. Das große Haus war fast leer und das war herrlich. Kein Gezanke, kein Geschrei, kein Poltern von Füßen. Ich verbrachte meine freie Zeit damit, stundenlang im verschneiten Wald spazieren zu gehen oder lief Schlittschuh auf dem zugefrorenen See.

Als der große Weihnachtsbaum aufgestellt wurde, half ich beim schmücken und beim Geschenke einpacken. Jedes Kind durfte einen Wunschzettel schreiben und wenn man Glück hatte, bekam man sogar das, was darauf stand. Ich hatte mir einen Fön und etwas Kosmetik gewünscht und bekam beides.

Da mein Bekleidungsbudget in diesem Jahr noch nicht ausgeschöpft war, ging eine Erzieherin mit mir ins Kaufhaus und ich durfte mir aussuchen, was ich wollte. So verlief mein erstes Weihnachten im Heim eigentlich ganz angenehm. Ich hatte mir Sorgen gemacht, dass ich mich einsam fühlen oder traurig sein würde, aber das war nicht der Fall. Das alljährliche Prozedere an Heilig Abend zu

Hause vermisste ich überhaupt nicht. Ich konnte mich beschäftigen, wie ich es wollte und abgesehen davon, dass ich pünktlich im Haus sein musste, gab es keine Vorschriften und keinen Einschränkungen. Ich genoss die Ruhe und die herrliche, schneebedeckte Landschaft und fühlte mich frei. Die Gewissheit, dass ich auch in Zukunft friedliche und elternfreie Weihnachten haben würde, machte mich glücklich.

Willkommen im Kreis der Erwachsenen

Das neue Jahr begann ich zuversichtlich und freute mich auf das bis dahin größte und wichtigste Ereignis meines jungen Lebens. Die Jugendweihe. In jenem Jahr waren wir drei Schüler im Heim, die im April offiziell in den Kreis der Erwachsenen aufgenommen werden sollten. Für dieses Ereignis wurden keine Kosten und Mühen gescheut und so gab es beim Bekleidungsgeld einen Zuschuss. Wir fuhren in ein elegantes Kaufhaus und bekamen vor staunen den Mund nicht mehr zu. Ich hatte noch nie zuvor so schöne Sachen gesehen. Als ich das erste Mal mein Kleid und meine hochhackigen Schuhe angezogen hatte und mich im Spiegel ansah, fühlte ich mich wie eine Königin. Eine neue Frisur und etwas Schmuck rundeten das Gesamtbild ab. Ich fühlte mich wunderschön, war glücklich und konnte es kaum noch erwarten.

Wer bis hierhin aufmerksam gelesen hat, dem dürfte klar sein, was jetzt kommen muss. Die Bombe platzte Anfang März, als der Heimleiter mich in sein Büro rief. Bis zu diesem Zeitpunkt war ich weder negativ noch positiv im Heim aufgefallen. Ich war nur eine von vielen, die im Ganzen nicht besonders auffiel und lebte ganz gut damit. Dieser Tag jedoch änderte das Alles. Und wie schon oft erlebt, ging es auch diesmal mit einem großen Schock für mich einher.

Der Heimleiter teilte mir mit, dass ich am nächsten Tag nach Brandenburg in die landesgrößte Irrenanstalt gebracht werde. Dort sollte ich für einen Zeitraum von vier Wochen zur Beobachtung bleiben. Nach dieser Nachricht habe ich den Heimleiter wohl angesehen, als gehörte ich wirklich dorthin. Ich bekam schon oft Dinge gesagt, die wie ein Fausthieb wirkten und fühlte mich dann jedes Mal, als hätte mich jemand urplötzlich ins eiskalte Wasser geworfen. Aber das hier übertraf wirklich alles. Es fehlte nicht viel und ich hätte wie eine Irre angefangen zu lachen.

Das konnte nicht wahr sein, durfte nicht wahr sein. War ich überhaupt wach?

Der Heimleiter sprach weiter und ich versuchte zuzuhören. Das war nicht einfach, denn ich hatte das Gefühl, als sei mein Hirn in tausend Stücke zersprungen. Ich konzentrierte mich darauf, die Stücke wieder zusammen zu setzen, aber es ging nicht. Alles fühlte sich fremd an. Der Geruch von Staub und alten Büchern drang mir in die Nase und rief Erinnerungen wach. Mit geschlossenen Augen saß ich da und versuchte vergeblich, sie festzuhalten. Sie lösten sich auf und zurück blieb ein grauer Schleier, der auch nicht verschwand, als ich die Augen wieder öffnete. Die Geräusche klangen fern und gedämpft und die Luft schien zu flimmern. Ich fühlte mich, als wäre ich in einer riesigen Blase eingeschlossen.

Der Heimleiter fragte mich, ob ich überhaupt gehört hätte, was er gesagt hat. Das hatte ich natürlich nicht. Also wiederholte er alles noch einmal. Ich hatte dieses Desaster R zu verdanken. Irgendwie hatte sie geschafft, es durchzusetzen, dass ich dort eingewiesen wurde. Sie hatte früher schon versucht, mich als schwer erziehbar abstempeln zu lassen. Nur klappte das nicht, weil ich es eben nicht war. Wie sie es trotzdem schaffte, mich einweisen zu lassen, weiß ich bis heute nicht.

Der Heimleiter versicherte mir, dass er alles versucht hatte, um das zu verhindern und ich glaubte ihm. In seinen Augen war das völlig unsinnig und reine Schikane. Nur kam diese Anweisung von einer höheren Instanz und so musste er sich fügen. Er hatte es so lange wie möglich hinaus gezögert, mir das mitteilen zu müssen, da er befürchtete, ich würde vielleicht weglaufen oder etwas noch Dümmeres tun.

Ich tat nichts dergleichen. Nachdem die Besprechung vorbei war lief ich aus dem Haus. Kein wirkliches Ziel vor Augen, lief ich bis zu meinem Lieblingsplatz am See und setzte mich ans Ufer. Es war bitterkalt aber das merkte ich nicht. Die Arme um die Knie geschlungen saß ich da und weinte. Warum passierte mir das? Warum war ich so machtlos gegen diesen ganzen Mist? Ich fühlte mich wie etwas, das die Leute sich fluchend von der Schuhsohle kratzen, wenn sie aus Versehen hinein getreten sind. Meine Wangen brannten vor Kälte und der Rotz lief mir aus der Nase. Ich heulte und heulte. Aber trotz meiner absoluten Verzweiflung kam mir nicht ein einziges Mal der Gedanke, etwas Dummes zu tun. Etwas von dem, was der Heimleiter befürchtet hatte.

Als die Tränen versiegten, kroch langsam die Wut in mir hoch. Wer war diese schreckliche Frau, die mir ständig das Leben schwer machte? Sie war so weit weg und doch reichte ihr Arm so weit, dass sie es selbst hier noch schaffte, mir ihre fetten Wurstfinger um den Hals zu legen. Wie Magma in einem Vulkan brodelte unbändiger Hass in mir. Er wärmte mich von innen und ich begann zu schwitzen. Ich hatte schon einmal an diesem Platz gesessen und einen Schwur geleistet. Und das tat ich erneut. Ich schwor, mich von dieser Frau nicht unterkriegen zu lassen. Und auch von nichts anderem in meinem Leben, was auch immer da noch kommen würde. Innerlich gestärkt von diesem Vorsatz, machte ich mich auf den Heimweg.

Mit dieser Aktion hatte R den absoluten Tiefschlag gelandet. Aber noch hielt ich mich aufrecht und war nicht gewillt, zu Boden zu gehen. Diese Frau war darauf aus, mich zu zerbrechen, aber das ließ ich nicht zu. Und noch bevor der Schlussgong ertönt, würde ich mich über ihren leblosen Körper beugen und würde lächeln.

Ich hatte den Heimleiter darum gebeten, von der Erzieherin, die ich am liebsten hatte, nach Brandenburg gebracht zu werden und er willigte ein. Bevor wir am nächsten Tag losfuhren, versicherte er mir nochmals, dass er das gern verhindert hätte und dass es ihm sehr leid täte. Er nahm mich sogar in den Arm. Eine Geste, von der ich völlig überrascht war.

So etwas hatte ich nie zuvor bei ihm gesehen. Im Gegenteil. Alle fürchteten diesen Mann und hielten ihn für unnahbar. Ich war durch diese Demonstration des Mitgefühls völlig davon überzeugt, dass er wirklich nicht in der Lage war, dieses Unrecht zu verhindern. Er sagte mir, ich solle mich ja nicht unterkriegen lassen und wenn ich wieder zurück wäre, würden wir in Ruhe über alles reden.

Die Fahrt nach Brandenburg dauerte etwa eineinhalb Stunden und ich weinte die ganze Zeit. Trotz meines Schwurs vom Vortag war ich nicht in der Lage, die Tränen zurück zu halten. Ich hatte einfach zuviel Angst vor dem, was da auf mich zukommt. Die Erzieherin konnte mich nicht beruhigen und als wir dort ankamen, war ich einer Panikattacke nahe. Als wir den Trakt betraten, in dem ich untergebracht werden sollte, hörte ich aus dem Gruppenraum Geschrei von Kindern. Das machte mir solche Angst, dass ich fast selbst geschrieen hätte. Ich wollte nur noch weg, klammerte mich aber in meiner Verzweiflung an die Erzieherin. Bevor ich dem Personal übergeben wurde, nahm auch sie mich in den Arm und sagte mir dasselbe wie der Heimleiter. Dann war sie weg und ich blieb in einem Vakuum zurück. Man schickte mich in den Gruppenraum und dort verkroch ich mich in eine Ecke.

Ich wollte die Uhr anhalten. Ich wollte das Universum anhalten um einen Moment der absoluten Stille zum Nachdenken zu haben. Aber die Uhren liefen weiter und die Planeten zogen weiter ihre Bahnen. Im Universum herrschte kein Chaos, wie bei mir. In diesem Moment wäre ich lieber der einzige Bewohner eines fernen Planeten gewesen, als hier auf der Erde zwischen Wesen meiner Art, die mir wie Aliens erschienen.

Dann traf mich etwas am Kopf und riss mich aus meinen Gedanken. Ein Junge kam auf mich zu und entschuldigte sich. Der Ball, den er geworfen hatte, hatte wohl die geplante Flugbahn verfehlt und mich getroffen. Ich muss ihn wohl ziemlich skeptisch angesehen haben, denn damit hatte ich nun wirklich nicht gerechnet. Er forderte mich zum mitspielen auf und nahm mich an die Hand. Etwas zögerlich folgte ich ihm und glotzte wohl ziemlich blöd in die Runde, als er mir die Anderen vorstellte.

Da waren jede Menge Kinder in meinem Alter und alle schienen normal zu sein. Ich verstand die Welt nicht mehr, denn ich hatte etwas völlig anderes erwartet. Sabbernde, schielende, in sich zusammen gesunkene Gestalten, die ihren eigenen Namen nicht kannten. Meine Ängste diesbezüglich waren also absolut unbegründet. Woher hätte ich das wissen sollen? Niemand hatte mir gesagt, dass ich hier mit gleichaltrigen, normalen Kindern zusammen sein würde. Als ich dann an die Gesichter des Heimleiters und der Erzieherin dachte, wurde mir klar, sie wussten es gar nicht. Auch sie sind davon ausgegangen, dass man mich mit wirklich Irren zusammen stecken würde.

Das Gefühl der Erleichterung, das ich empfand, lässt sich nicht in Worte fassen. Aber wenn ich es beschreiben müsste, würde ich sagen, der Stein, der mir vom Herzen fiel, war größer als der Everest. Ein unglaubliches Gefühl des Triumphes durchströmte mich. Als hätte ich nach einem langen, schweren Kampf meinen Gegner zu Boden geworfen. Und dieser Gegner war die Frau, die mir das eingebrockt hatte. Ich konnte förmlich vor mir sehen, wie sie zu Hause saß und sich die Hände rieb bei dem Gedanken daran, dass ich nun in der Hölle schmorte. Sollte sie ruhig der Meinung sein, dass ich gerade die schlimmste Zeit meines Lebens durchmachte. Irgendwann würde sie mit Sicherheit erfahren, dass dem nicht so war und dann hoffentlich an ihrer eigenen Galle ersticken. Bei diesem Gedanken hatte ich ein so fettes Grinsen auf meinem Gesicht, wie nie zuvor in meinem Leben.

Ich integrierte mich in die kleine Gesellschaft dort und hatte eine schöne Zeit.

Wir besuchten gemeinsam die Schule, machten unsere Hausaufgaben zusammen und verbrachten unsere Freizeit mit toben und spielen. Die vier Wochen vergingen wahnsinnig schnell und dann kam der Tag des Abschieds. Die Erzieherin, die mich hergebracht hatte, holte mich auch wieder ab. Sie war ziemlich erstaunt, als sie sah, dass ich Tränen vergoss beim Abschied. Auf der Heimfahrt erzählte ich ihr dann alles und dabei hatte sie dann Tränen in den Augen. Ihre Freude darüber, dass ich dort eine schöne Zeit hatte, war echt und äußerst rührend.

Zurück im Heim wurde ich von allen beguckt wie ein Exot. Es hatte sich herum gesprochen, wo ich die letzen vier Wochen verbracht hatte. Keine Ahnung, was sie dachten, wie ich sein würde nach meiner Rückkehr. Wahrscheinlich rechneten sie mit einer Gestalt, wie ich sie vor Augen hatte, als ich in Brandenburg ankam. Die allgemeine Aufregung legte sich jedoch schnell, nachdem alle sich davon überzeugt hatten, dass ich nicht anders war als vorher.

Ein paar Tage nach meiner Rückkehr rief mich der Heimleiter zu sich. Wir führten ein sehr langes Gespräch. Auch er freute sich aufrichtig darüber, dass es mir in Brandenburg so gut ergangen war. Ich sagte ihm, dass mit dieser Aktion nun endgültig die

Schmerzgrenze bei mir erreicht sei und dass ich nie wieder etwas von H und R hören oder sehen wollte. Ich wollte nicht mehr deren Tochter sein. Sie hatten mich jahrelang schlecht behandelt, sie hatten mich abgeschoben und sie waren selbst aus der Ferne imstande, mir Böses anzutun. Diese ganze Adoptionskiste war doch absoluter Schwachsinn. Nur ein Fetzen Papier, der genauso wertvoll war wie das, was man sich damit abwischen konnte, bewies, dass ich das Kind dieser beiden Menschen war. Zu dieser Erkenntnis war ich schon vor Jahren gelangt und ich wollte dieser lächerlichen Farce ein Ende machen. Ich bat den Heimleiter, mit H und R Kontakt aufzunehmen, denn ich war der Meinung, dass man diesen Fehler rückgängig machen könnte. Leider hatte ich mich da getäuscht. Eine Adoption ist lebenslang verbindlich und lässt sich nicht so einfach rückgängig machen. So wurde es mir erklärt. Ich wurde diese beiden schrecklichen Personen also tatsächlich nicht los. Ein Umstand, der so nicht weiter verwunderlich war. Denn wenn das geklappt hätte, wäre es zu meinem Vorteil gewesen und wie wir wissen, kam so etwas nicht in Frage.

Ich hatte also meinen Besuch in der Klapsmühle gut überstanden und freute mich auf meine Jugendweihe, die in wenigen Tagen stattfinden sollte. Ein wichtiger Tag im Leben eines jungen Menschen, an dem natürlich auch die Familie teilhaben sollte. Die beiden anderen Kinder, die gemeinsam mit mir diesen feierlich Tag begingen, hatten ihre Eltern und Verwandten eingeladen, welche auch zahlreich erschienen. Aus verständlichen Gründen hatte ich nichts dergleichen unternommen.

Ich zog meine wunderschönen neuen Sachen an und fühlte mich großartig. Zum Frühstück brachte ich vor Aufregung nichts runter, aber an diesem Tag war das völlig in Ordnung. Alle Kinder und Erzieher hatten sich rausgeputzt und das Haus glänzte. Als ich hinaustrat in die frische Morgenluft und mir die Frühlingssonne ins Gesicht schien, wusste ich, es würde ein unvergesslicher und schöner Tag werden. Und das wurde er wirklich.

Für uns drei Anwärter auf den Kreis der Erwachsenen wurde extra ein Bus gestellt, der uns in die Stadt zur Feierstunde fahren sollte. Dieser stand auch schon bereit, als wir aus dem Haus kamen. Ich war jedoch maßlos erstaunt, als ich H und R an ihrem Auto dort stehen sah. Damit hatte ich nun wirklich nicht gerechnet. Eingeladen hatte ich sie nicht und war davon ausgegangen, dass sie nicht erscheinen würden. Diese Leute hatten überhaupt kein Schamgefühl. Waren sie denn wirklich der Meinung, dass sie willkommen waren an diesem Tag? Oder an irgendeinem anderen Tag? Ich war so perplex, dass ich nur den Kopf schütteln konnte. Diese Dreistigkeit machte mich, wie schon so oft, völlig sprachlos. Ich hatte nicht das Bedürfnis, mit diesen beiden Menschen auch nur ein einziges Wort zu wechseln. So ging ich, ohne sie eines Blickes zu würdigen, zum Bus und stieg ein. Ich hatte mich so lange auf diesen Tag gefreut und würde ihn mir durch nichts und niemanden verderben lassen.

Die Feierstunde war entsprechend ihrem Namen recht feierlich. Es wurden Reden gehalten, in denen wir im Kreis der Erwachsenen willkommen geheißen wurden. Obwohl es mich nicht sonderlich interessierte, hörte ich aufmerksam zu und hatte nach kurzer Zeit H und R vergessen, die im Publikum saßen. Jeder von uns Schülern bekam ein Buch und einen Strauß Blumen in die Hand gedrückt und dann war der ganze Spuk auch schon vorbei.

Für die Fahrt zurück ins Heim stand natürlich wieder der Bus bereit. Und natürlich standen auch H und R an ihrem Auto und warteten darauf, dass ich zu ihnen kam. Ich stieg in den Bus und sah sie nicht einmal an. Sie fuhren hinterher. Diese Beharrlichkeit war mir unverständlich. Was dachten die beiden sich eigentlich? Dass ich sie herzlich umarmen würde und alles wäre vergeben und vergessen? Davon konnten sie doch nicht wirklich ausgehen. Aber genau das taten sie anscheinend.

Im Heim angekommen, ging ich sofort ins Haus. Dort stürmten die anderen Kinder und auch die Erzieher auf uns ein, um zu gratulieren und Geschenke zu überreichen. Die Familien der anderen beiden Schüler kamen mit ins Haus und wurden herzlich aufgenommen in die festliche Gemeinde. Im großen Saal war eine lange Tafel gedeckt worden und überall standen Blumen. Es sah wunderschön aus. Als die drei Ehrengäste an diesem Tag durften wir am Kopf der Tafel Platz nehmen und fühlten uns wie Könige. Als alle sich gesetzt hatten, hielt der Heimleiter ein kurze Rede. Er gratulierte uns im Namen aller und wünschte uns alles Gute für die Zukunft. Alle erhoben ihr Glas und prosteten uns zu. Wir hatten zur Feier des Tages Wein in unseren Gläsern. Das war das erste Mal in meinem Leben, dass ich Alkohol trank. Er schmeckte nicht besonders gut, aber das war nebensächlich. Zum ersten Mal fühlte ich mich wirklich erwachsen. Das Essen an diesem Tag war ein wahrer Gaumenschmaus. Die Köche hatten sich selbst übertroffen. Es schmeckte einfach herrlich und ich aß, bis ich fast platzte. Dazu hatte ich fast drei Gläser Wein getrunken und das hatte zur Folge, dass ich mich prächtig fühlte. Nach dem Essen wurden noch Fotos gemacht und den Rest des Tages hatten wir für uns selbst. Ich ging auf mein Zimmer und zog mich um. Als ich wieder herunter kam, nahm mich der Heimleiter beiseite. Er sagte mir, dass er gerade von draußen kam und meine Eltern nach Hause geschickt hatte. An die beiden hatte ich überhaupt nicht mehr gedacht. R hatte einen Nervenzusammenbruch erlitten, meinte er. Sie sei völlig am Ende gewesen, weil ich sie beide nicht beachtet hatte. R konnte sich diese Ungeheuerlichkeit nicht erklären und war fassungslos zusammengebrochen. Das wiederum ließ mich nun fassungslos gucken. Mir blieb förmlich der Mund offen stehen. Das war ja dann wohl der Gipfel der Ironie. Was erdreistete diese Frau sich denn? Ich wurde stinkwütend und machte meiner Wut auch sofort mit ziemlich lauter Stimme Luft. Dieser so genannte Nervenzusammenbruch war nur Schmierentheater und ich wünschte, sie wäre tot umgefallen. Als ich das sagte, sah mich der Heimleiter ziemlich geschockt an. Er fragte mich, warum ich so reagierte und warum ich H und R denn überhaupt erst gar nicht beachtet hatte. Meine Antwort bestand nur aus einem Wort. Brandenburg. Daraufhin nickte er nur und drückte mich kurz an sich. Damit war das

Thema erledigt und wurde nie wieder zur Sprache gebracht. Und auch H und R waren nun endgültig aus meinem Leben verschwunden. Das war wohl eine Lektion, die sie verstanden hatten.

An diesem Tag machte ich nach dem Abendessen noch einen Spaziergang zum See und setzte mich an meinen Lieblingsplatz ans Ufer. Der Boden war noch ziemlich kalt, aber das störte mich nicht sonderlich. Innerlich war mir warm, denn ich war rundum zufrieden.

Ich hatte eine große Hürde genommen und war mir sicher, dass ich keinen Gedanken mehr an H und R verschwenden würde. Und noch etwas ist mir an diesem Tag klar geworden. Mein Heimaufenthalt würde sich wohl unweigerlich bis zu meiner Volljährigkeit hinziehen. Es war mal die Rede davon, dass ich nur für sechs Monate im Heim bleiben sollte. Das hatte sich spätestens am Tag meiner Jugendweihe erledigt. Böse war ich darüber nicht. Es würde mir hier auch nicht schlechter gehen als bei H und R, das wusste ich. Und ich wusste auch, dass ich das durchstehen würde. Mit einem zufriedenen Lächeln im Gesicht sah ich mir den Sonnenuntergang an. Ein wunderschöner Tag ging zu Ende. Es sollte nicht mein letzter sein.

Markus

Auch die Zeit im Heim birgt, wie bei H und R, nicht sehr viele schöne Erinnerungen. Aber wenn ich an diese Zeit denke, dann denke ich unweigerlich an einen Menschen. Markus.

Ich hatte schon vor meiner Jugendweihe ein Auge auf ihn geworfen, aber dann kam das Desaster mit Brandenburg und so sah ich ihn eine ganze Weile nicht. Als nach der Jugendweihe der Alltagstrott wieder einkehrte, lief ich ihm jeden Tag in der Schule über den Weg. Er war eine Klasse unter mir, sah aber viel älter aus. Er war groß, kräftig gebaut, hatte immer tolle Klamotten an und sah in meinen Augen aus wie ein junger Gott. Ich verliebte mich unsterblich in ihn.

Nun ist man aber mit vierzehn Jahren nicht gerade ein Draufgänger. Und ich schon gar nicht, da ich mich selber nicht besonders hübsch fand. Aber das machte ich durch andere Eigenschaften wett. Ich war intelligent, witzig und schlagfertig und das machte mich wohl ziemlich beliebt. Einige Jungen aus meiner Klasse hatten bis zu diesem Zeitpunkt schon echtes Interesse angemeldet, aber ich habe alle Avancen strikt zurückgewiesen. Ich wollte Markus und zerbrach mir den Kopf darüber, wie ich das anstellen sollte. Mir war klar, dass so jemand wie er nicht lange ohne Freundin bleiben würde. Wie sich herausstellte, hatte ich damit mehr als Recht, denn ich war nicht die Einzige, die sich für ihn interessierte.

Von einer Freundin erfuhr ich, dass ein Mädchen aus deren Klasse ihm bereits einen Brief geschrieben hatte. Und dieses Mädchen war bildhübsch. Die Zeit drängte also. Auch ich hatte vor, ihm einen Liebesbrief zukommen zu lassen. So macht man das nun mal in dem Alter. Briefchen und Zettelchen, die noch dazu durch Dritte übermittelt wurden. Der direkte Kontakt ergab sich meist erst später. So ist das eben mit vierzehn. Je mehr ich jedoch darüber nachdachte, desto mehr kam ich zu der Erkenntnis, dass dies nicht der richtige Weg für mich ist. Mein Ego war groß genug und ich hatte immer schon ein loses Mundwerk. So entschied ich mich gegen den Postweg und nahm mir vor, ihn direkt anzusprechen.

Nach einer fast schlaflosen Nacht, in der ich versuchte, mir die richtigen Worte zurecht zu legen, war es dann soweit. In der Hofpause ging ich zu ihm. Er stand mit mehreren Jungs seiner Klasse zusammen. Ich zog ihn einfach am Ärmel und meinte, ich hätte ihm etwas

Wichtiges mitzuteilen. Die Anderen grinsten blöd und er kam mit mir. Er dachte sicher, ich hätte eine Botschaft von jemand anderem zu überbringen. Statt dessen platzte ich einfach damit heraus. Ich sagte ihm, dass ich schon eine ganze Weile in ihn verknallt sei und mit ihm zusammen sein wollte. Er wusste, dass ich Heimkind war und fragte mich irgendetwas zu diesem Thema. Ich weiß nicht mehr, was es war, noch was ich ihm geantwortet habe, denn ich war viel zu aufgeregt. Man konnte förmlich mein Herz durch den Pullover schlagen sehen. Als es zum Unterricht klingelte, sagte er zu mir, dass er mir am nächsten Tag Bescheid geben würde. Ich weiß nicht, wie ich diesen Tag und die folgende Nacht überstanden habe. Es war grauenhaft. Einerseits machte ich mir große Hoffnungen, andererseits war ich mir sicher, keine Chance zu haben. Als ich dann endlich doch noch einschlief, träumte ich so schlecht, dass ich schweißgebadet erwachte. Ich ging ins Bad und hielt meinen Kopf unter einen Wasserhahn. Das kalte Wasser vertrieb die letzten Fetzen meines Albtraums und innerlich wappnete ich mich für einen besonderen Tag.

Als die Hofpause immer näher rückte, war mir so flau im Magen, dass ich fürchtete, mich übergeben zu müssen. Das wäre sicher nicht sehr angenehm geworden, da ich bis dahin noch nichts gegessen hatte. Als die Klingel ertönte, zwang ich mich, ein paar mal tief durchzuatmen und ging nach draußen. Ich sah ihn schon von weitem. Er winkte mir zu und ich ging zu ihm. Als ich vor ihm stand, sah er mich an und lächelte. Dann nahm er mich tatsächlich an die Hand und so gingen wir ein Stück über den Hof. Er sagte, dass er sich bei anderen darüber erkundigt hatte, was ich für ein Typ Mensch bin. Ich zog meine Hand zurück und sah ihn ziemlich böse an. Mir gefiel das überhaupt nicht und das sagte ich ihm auch. Jeder, der etwas über mich wissen möchte, sollte gefälligst so viel Arsch in der Hose haben, und mich selber danach fragen. Meine Reaktion überraschte ihn kein bisschen. Er lächelte und nahm wieder meine Hand. Ich war völlig wehrlos gegen dieses Lächeln. Als die Klingel uns zurück zum Unterricht rief, gab er mir einen Kuss auf die Wange und sagte "Wir sehen uns nachher am Bus." Mir blieb die Spucke weg. Das war's also. Ich hatte es geschafft. Ich hatte mir einen der begehrtesten Jungen der Schule geangelt.

Die restlichen drei Stunden hörte ich nicht, was der Lehrer vorn erzählte. Die Klingel nach der letzten Stunde war ein göttliches Geräusch. Ich musste mich zusammenreißen, um nicht zur Bushaltestelle zu rennen. Zeit blieb aber kaum, denn der Bus ließ nicht lange auf sich warten. Markus drückte mir einen Zettel in die Hand und küsste mich wieder auf die Wange. Ich brachte kein Wort heraus. Als ich schon fast im Bus war, lief ich noch einmal zurück und küsste ihn auf den Mund. Es war nur ein flüchtiger Kuss, aber der Erste meines Lebens. Als ich in den Bus stieg, johlte die gesamte Mannschaft. Ich zeigte allen den Stinkefinger und ging grinsend bis ganz nach hinten durch. Da draußen stand er mit diesem wunderbaren Lächeln im Gesicht, das ich so liebte.

Seinen Brief hatte ich sicher in der Hosentasche vergraben und wollte ihn erst lesen, wenn ich ganz für mich allein war. Dazu hatte ich erst nach dem Abendessen Gelegenheit, denn häusliche Pflichten und Hausaufgaben ließen mir keine ruhige Minute. Als ich endlich frei war, rannte ich fast bis zum See hinunter und setzte mich ans Ufer auf eine Bank. Ich holte tief Luft und kramte den Zettel aus der Hosentasche. Die Worte, die dort geschrieben standen, waren das Lieblichste, was ich je vor die Augen bekam.

In seinem Brief entschuldigte er sich, dass er bei andern Erkundigungen über mich eingezogen hatte. Das sei sonst nicht seine Art. Der Umstand, dass ich Heimkind war, brachte ihn dazu. Er wusste, dass ich wütend reagieren würde, wenn er mir sagt, dass er sich über mich erkundigt hatte. Und genau das hatte ihm gefallen. Das, was er über mich gehört hatte und die Art, wie ich ihn angesprochen hatte, zeigten ihm, dass ich die Richtige war. Es war unglaublich, wie dieser Junge sich auszudrücken verstand. Markus war seinem biologischen Alter weit voraus. Ich war beeindruckt von seiner Denkweise und seiner Intelligenz. Natürlich schrieb ich einen Brief zurück, den ich ihm am nächsten Tag gab. Morgens wartete er bereits vor der Schule auf mich und brachte mich nachmittags auch immer zum Bus. Selbst, wenn er früher Schluss hatte als ich, wartete er geduldig, bis ich raus kam. In den Pausen liefen wir immer Hand in Hand über den Schulhof und tauschten Zettelchen aus.

Ich hatte erst seit zwei Schuljahren Englischunterricht, er erst seit einem. Und trotzdem schrieben wir unsere Briefe meist auf englisch. Wir hatten beide ein Faible für die Sprache und hatten wohl auch beide eine angeborene Begabung dafür. Auch sonst hatten wir viel gemeinsam. Wir mochten dieselbe Musik und liebten die Natur. Ich liebte Markus aus tiefstem Herzen. Er war der wichtigste Mensch in meinem Leben. Ich brauchte ihn nur anzusehen und alle Sorgen lösten sich in Luft auf.

Es war natürlich kein Geheimnis mehr, dass wir zusammen gehörten. Und alle akzeptierten es. Selbst die Erzieher im Heim und auch der Heimleiter. Er war nämlich derjenige, der mit mir das klärende Gespräch über die körperlichen Freuden der Liebe führte. Mir war das etwas unangenehm, aber so waren die Regeln. Noch dazu war ich von diesem Punkt noch sehr weit entfernt. So etwas kam uns einfach noch nicht in den Sinn.

Wir verbrachten unsere Zeit meist mit spazieren gehen. Bei jedem Wetter liefen wir durch den Park und redeten. Es war wunderbar. Ich fühlte diese innige Verbundenheit, weil ich ihm alles erzählen konnte. Er kannte die Geschichte meines Lebens, sagte aber nie ein Wort des Mitleids. Selbst, wenn ich weinte. Eine Umarmung, ein zärtlicher Kuss, das waren die Worte, mit denen er sich ausdrückte und genau das brauchte ich. Er spürte, dass ich es schwer hatte, meinen Platz im Leben zu finden.

Bei unserem ersten richtigen Kuss versank ich in einen Strudel der Glückseeligkeit. Zum ersten Mal spürte ich neben der Angst etwas Neues. Hoffnung. Liebe. Gefühle, die ich früher mit einem Ort in Verbindung brachte, hatte ich nun bei einem Menschen. Es fühlte sich so unendlich gut an.

Markus war ein Mensch, der so ziemlich alle guten Eigenschaften in sich vereinte. Eigenschaften wie Aufrichtigkeit, Intelligenz und Güte. Ich könnte ewig so weiter aufzählen und würde kein Ende finden. Er war der Sinn meines Lebens. Meine Lichtgestalt, mein Engel. Er war mein Gefährte, mein Geliebter und mein bester Freund. Die bis dahin fehlende Konstante in meinem Leben. Jemand, auf den ich mich immer verlassen konnte, der immer zu mir stand. Der mich vorbehaltlos liebte, so wie ich ihn. Wenn es einen Gott gab, dann war das sein schönstes Geschenk an mich.

Als wir ein paar Monate zusammen waren, bat mich der Heimleiter wiederum zum Gespräch in sein Büro. Er fragte mich, wie ernst es denn nun wirklich sei mit Martin und mir. Ich versuchte, das in Worte zu fassen. Keine Ahnung, was ich da gefaselt habe, aber es hatte ihn wohl überzeugt. Auf Grund meiner vorbildlichen Führung im Heim gestand er mir Privilegien zu, die sonst niemand hatte. Ich durfte von da an auch zu Martin nach Hause und sogar dort übernachten. Das war schon etwas Besonderes.

Als ich Martins Eltern kennen lernte, war ich sehr aufgeregt. Natürlich hatte ich mir da umsonst Sorgen gemacht, denn sie nahmen mich herzlich auf. Ich ging wie selbstverständlich dort ein und aus. Martin fragte mich, ob er seinen Eltern erzählen darf, warum ich im Heim war. Dagegen hatte ich nichts, nur mit der Reaktion seiner Eltern hatte ich nicht gerechnet. Wir saßen eines Abends mit ihnen zusammen und sie sagten mir, wie schlimm sie es fanden und wie ungerecht es in ihren Augen war, dass ich im Heim war. Sie wollten mich da raus holen. Sie wollten mich zu sich nehmen als ihre Tochter. Ich bekam einen Weinkrampf, als ich das hörte. Martin nahm mich in den Arm und hielt mich fest, bis ich mich einigermaßen beruhigt hatte.

Wie ich aus eigener Erfahrung wusste, war es nicht möglich, die Adoption rückgängig zu machen. Das sagte ich ihnen auch. Sie akzeptierten das so nicht und meinten, sie würden sich selbst darum kümmern und es irgendwie möglich machen. Ich kuschelte mich an Martin und weinte und weinte. Diese beiden Menschen wollten wirklich alles daran setzten, um mich aus dem Heim zu holen. Aber ich wusste, dass es diesbezüglich keine Hoffnung gab. Sie versuchten es trotzdem. Sie schrieben an den Heimleiter und sie schrieben an H und R. Die Antwort meiner Eltern kam schnell. Sie erklärten, dass eine Adoption nicht rückgängig zu machen sei und dass sie es andernfalls sowieso nicht gestattet hätten. Das war ja zu erwarten. Sie hätten es mir also, selbst wenn es möglich gewesen wäre, nicht gegönnt.

Der Heimleiter bemühte sich abermals, mir zu helfen. Umsonst. Es war unumstößlich. Martins Eltern sagten mir immer wieder, wie leid es ihnen täte und ließen mir ihre ganze Zuneigung angedeihen. Das war so rührend und ich hatte die beiden sehr schnell ins Herz geschlossen. Sie gaben mir das, was ich von meinen Eltern nie bekommen hatte. Ihr Vertrauen reichte so weit, dass sie mir während eines Urlaubs den Haushalt überließen. Sie wollten für eine Woche verreisen und Martin blieb allein zu Hause. Einen Vierzehnjährigen kann man schon mal eine Woche allein lassen. Sie vertrauten mir die Finanzen an und ich widmete mich dieser Aufgabe mit ganzem Herzen. Ich ging einkaufen und kochte, hielt die Wohnung sauber und kümmerte mich um die Wäsche. Für diese Zeit hatte ich die Erlaubnis des Heimleiters, ständig bei Martin zu wohnen. Martins Eltern waren einige der wenigen Privilegierten, die damals schon einen Telefonanschluss hatten. Obwohl sie auch außerhalb der Stadt wohnten. Und so rief ich jeden Tag im Heim an, um zu sagen, dass alles in Ordnung wäre.

Diese eine Woche fühlten Martin und ich uns wie ein Ehepaar. Es war wunderschön. Natürlich war das Ganze während unserer Ferien und so hatten auch wir keinerlei

Verpflichtungen. Ausgeschlafen haben wir trotzdem kaum. Es war einfach viel zu aufregend, so viel Zeit für sich allein zu haben. An manchen Tagen sind wir bei Sonnenaufgang aufgestanden und in den Wald gegangen zum Pilze zu suchen. Die morgendliche Stille des Waldes war herrlich. Nebelfetzen schwebten zwischen den Ästen und es duftete nach Kiefernnadeln und Harz. Der Boden war ein weicher Teppich aus Moos. Dort lagen wir dann Arm in Arm und lauschten den Geräuschen des Waldes. Diese Verbundenheit zur Natur hatten wir beide in uns. Und so ist es nicht verwunderlich, dass wir unser erstes sexuelles Erlebnis in freier Natur hatten. Es passte einfach. Und es war wunderschön.

Wir waren mit dem Fahrrad an einen abgelegenen kleinen See gefahren. Davon gab es viele in unserer Gegend. Der Picknickkorb war gut gefüllt und wir verbrachten den ganzen Tag dort. Ich glaube, es war uns beiden klar, dass es an diesem Tag passieren würde. Zärtlichkeiten hatten wir schon immer ausgetauscht und uns intim berührt, aber den letzten Schritt hatten wir noch nicht vollzogen. Wir hatten beide Angst davor, waren unsicher. Aber das ist wohl völlig normal. Als die Sonne unterging, lagen wir auf unserer Decke, noch nass vom schwimmen und nackt. Was dann geschah, war unbeschreiblich schön. Alles was Martin ausmachte als Mensch, legte er in diesen Akt der Liebe. Ich fühlte mich geborgen, verstanden und unendlich geliebt. Worte können das kaum wiedergeben. Wir lagen Arm in Arm und waren eins. Die anbrechende Nacht hüllte uns in Stille und Dunkelheit. Der See glitzerte im Mondlicht. Wir gingen schwimmen und liebten uns erneut. Es war eine unvergessliche Nacht und ich zehre noch heute von diesen Erinnerungen.

Ich war fast drei Jahre lang mit Martin zusammen. Als ich in die Lehre kam und immer wieder für drei Wochen weit weg im Internat untergebracht war, ging es auseinander. Den genauen Grund kann ich heute nicht mehr benennen.

Der nächste Mann, den ich liebte, war der Mann, den ich Jahre später heiratete. Aber Martin war trotzdem immer Teil meines Lebens. Ist es heute noch. Eine Erzieherin im Heim sagte damals zu mir, seiner ersten Liebe begegnet man immer ein zweites Mal im Leben. Wer weiß?

Ich habe Martin nie vergessen können und werde es auch nie. Was mir blieb, sind ein paar Fotos und Erinnerungen an einen wundervollen Menschen, der mein Leben lebenswert machte. Wenn ich an ihn denke, dann mit Liebe, mit Bedauern, mit

Dankbarkeit und mit Sehnsucht. Ich habe nie wieder jemand gefunden wie ihn. Und wenn ich heute diese Zeilen schreibe und auf mein Leben zurück blicke, kann ich mit Sicherheit sagen, dass Martin das Beste war, was mir je passiert ist. Ich könnte ewig leben und es wäre zu kurz, um dir zu zeigen, wie sehr ich dich liebe. Danke Martin.

Bittere Erfahrungswerte

Eine der wichtigsten Erfahrungen, die ich im Heim machte, war die, dass es keinerlei Privatsphäre gab. Schränke waren nicht abschließbar. Jedem war alles jederzeit zugänglich. Und viele nutzten das auch aus. Selbst Erzieher taten das. Manchmal gab es Zimmerkontrollen, bei denen die Schränke und sogar die Betten komplett druchwühlt wurden. Zigaretten, die dabei gefunden wurden, wurden stets konfisziert, bei denen, die noch nicht sechzehn Jahre alt waren. Und natürlich wurde auch viel gestohlen. Die Erzieher möchte ich dessen an dieser Stelle nicht beschuldigen. Es waren Kinder, die andere Kinder beklauten. Wenn man also etwas von

Wert besaß, war man praktisch dazu gezwungen, es stets bei sich zu haben. Ich habe viele hässliche Szenen erlebt, wo Beschuldigungen ausgesprochen wurden und es immer in Gewalttätigkeiten endete. Erzieher hielten sich aus diesen Streitigkeiten immer raus. Sie waren der Meinung, dass wir in der Lage waren, solche Dinge selbst untereinander zu regeln. Aber es ging bei diesen Auseinandersetzungen oft sehr ungerecht und hart zu, so dass jemand hätte eingreifen müssen. Meines Erachtens nach wäre es Aufgabe der Erzieher gewesen, zu schlichten, wenn die Situation eskalierte. Und dazu kam es leider sehr oft.

Meist waren es die Älteren, die die Jüngeren beschuldigten, etwas entwendet zu haben. Und ich war oft Zeuge, dass einer dieser Kleinen dann furchtbare Prügel bezog. Manchmal war es einfach reine Schikane oder Langeweile, was die Älteren dazu trieb, so etwas zu tun. Selbst wenn derjenige seine Unschuld beteuerte, half das nichts. Es wurde trotzdem zugeschlagen. Und wenn sich herausstellte, dass der Beschuldigte tatsächlich unschuldig war, gab es nie ein Wort der Entschuldigung. Über alles wurde der Mantel des Schweigens gebreitet und alle sahen weg.

Es ist im Heim so etwas wie ein Naturgesetz, dass die Stärkeren auf die

Schwächeren einschlugen. Diese Erfahrung habe ich selbst machen müssen und nie vergessen. Aber ich hatte mich damals zur Wehr gesetzt. Viele konnten das jedoch nicht und waren dieser Willkür schutzlos ausgeliefert. Etwa die Hälfte der Heimkinder bei uns waren die Sechs- bis Zehnjährigen. Die hatten am meisten zu leiden und niemand setzte sich für sie ein. Meist nahm ich mich dann dieser geschundenen, kleinen Kreaturen an. Zu mir konnten sie immer kommen und das taten sie auch. Ich war Trostspender und Seelenheiler und half, so gut ich konnte. Aber manchmal half auch das nicht. Es kam vor, dass einige dieser Kleinen sich zusammentaten und wegliefen. Die Wenigsten schafften es länger als einen Tag. Sie wurden zurück geholt und mit Sanktionen und Prügel bestraft. Ich versuchte ihnen dann immer klar zu machen, wie sinnlos ein solches Unterfangen war. Aber aus Verzweiflung wurden schon viel schlimmere Dinge getan als nur wegzulaufen. Einmal versuchte es jemand mit Tabletten, verdarb sich aber nur den Magen. Gott sei Dank. All das waren Hilfeschreie, die niemand hörte. Aus eigener Erfahrung bei H und R wusste ich nur zu gut, dass Verzweiflung einen Menschen zum Äußersten treiben konnte. Auch meine Schreie hatte damals nie jemand gehört.

Bestrafung war im Heim Taschengeldentzug, Ausgangssperre, Stubenarrest und alle im Haus anfallenden Tätigkeiten. Prügel waren eigentlich immer an der Tagesordnung. Es gab immer irgendeinen Grund, um sich ein Opfer zu suchen. Die schlimmste Strafe jedoch war die, die man bekam, wenn man beim rauchen erwischt wurde und es offiziell noch nicht durfte.

Unser Heim hatte einen Heizungskeller mit einem riesigen Kessel, der das ganze Haus beheizte. In diesen Keller wurden die Sünder gebracht und bekamen eine dicke Zigarre in die Hand gedrückt, welche sie in fünf Minuten aufgeraucht haben mussten. Die Hitze in diesem Keller war unbeschreiblich, wenn der Kessel auf Hochtouren lief. Der Schweiß rann einem aus allen Poren und man bekam kaum Luft. Natürlich schaffte niemand jemals, die Zigarre wirklich in dieser kurzen Zeit zu rauchen. Aber darum ging es auch nicht. Es war einfach nur der Spaß an der Quälerei. Ich habe leichenblasse Gestalten aus diesem Keller wanken sehen, die sich die eigenen Schuhe bekotzten oder mit voll gemachten Hosen weinend zur Toilette rannten. Manche brachen nach einigen Schritten ohnmächtig zusammen und schlugen sich den Kopf auf dem Betonboden auf. Mir war diese Grausamkeit zuwider und ich erzählte dem

Heimleiter davon. Der aber meinte, je härter die Strafe für ein Vergehen, desto größer die Sicherheit, dass derjenige es nie wieder tut. Ich konnte das einfach nicht verstehen. So viel Ungerechtigkeit und niemanden interessierte es.

Da der Kessel nur im Winter beheizt wurde, ließ man sich für diese Prozedur einen alternativen Ort einfallen. Dieser war eine winzig kleine Besenkammer, in die die Sünder dann eingeschlossen wurden. Der Effekt war derselbe. Mir trieb es jedes Mal die Tränen in die Augen, wenn ich eines dieser armen Schweine da rauswanken sah.

Wir hatten eine Erzieherin im Heim, die von allen gefürchtet wurde. Ich machte da keine Ausnahme. Diese Frau erinnerte mich immer an R, denn sie war genauso gemein und brutal. Ich glaube, dass jeder von uns ihr mehr als einmal den Tod gewünscht hat. Die Kleinen quälte sie mit körperlichen Misshandlungen und sie waren ihr schutzlos ausgeliefert. Bei den Älteren traute sie sich das natürlich nicht und dachte sich andere Schikanen aus.

Ich habe Kinder mit blutenden Ohrläppchen gesehen, weil sie so doll daran gezogen hatte. Sie zog ebenso brutal an den Haaren, dass sie diese büschelweise in der Hand hatte. Kleine Kinder, die sie nicht leiden konnte, bekamen, wenn sie nur an ihr vorbeigingen, einen Tritt in den Hintern. Aber mit so viel Wucht, dass sie kaum mehr sitzen konnten. Auf die Hände schlug sie mit allem ein, was gerade zur Hand war. Auch da habe ich blutende Schrammen und blaue Flecken gesehen von dieser Prozedur. Mit Vorliebe verwendete sie dafür ein langes, stabiles Lineal aus Holz. Es tat unheimlich weh, wenn man das über den Handrücken gezogen bekam. Am erträglichsten war es, wenn diese Frau Frühdienst hatte. Dann sahen wir sie nur zum Frühstück und auf dem Weg zur Bushaltestelle. Aber auch in dieser kurzen Zeit gab es Opfer ihrer Schikanen.

Es gab unter den Kleinsten auch noch Bettnässer. Wenn sie die Betten dieser Kinder morgens kontrollierte und sah, dass die Laken nass waren, gab es eine Tracht Prügel. In diese Zimmer ging sie schon vorsorglich mit einem Schuhanzieher bewaffnet hinein. Wenn ich dann das Geschrei von dort hörte, hätte ich sie am liebsten selbst mit diesem Ding vermöbelt. Ich weiß nicht, ob diese Kinder jemals aufhörten, ins Bett zu machen und es würde mich nicht wundern, wenn sie das heute noch täten. Wenn man täglich für etwas verprügelt wird, woran man keine Schuld hat, ist man wohl für den Rest seines Lebens traumatisiert. Wie grauenhaft müssen die Nächte für die

Kleinen gewesen sein. Wie kann man einschlafen mit Angst im Nacken? Jeden Morgen mit Angst erwachen. Eine furchtbare Vorstellung. Und ein Teufelskreis, aus dem sie nicht ausbrechen konnten.

Ich litt mit diesen kleinen gepeinigten Seelen, weil ich genau diese Prozedur vor langer Zeit selbst fast täglich erlebte. Es war einfach nur grausam und dazu noch unverantwortlich. Bei allem Mitleid konnte ich jedoch nicht helfen und diese gnadenlose Boshaftigkeit brachte mich fast um den Verstand.

Besagte Frau hatte immer einen großen Schlüsselbund bei sich, den sie mit Vorliebe nach den Kleinen warf. Obwohl ich dazu sagen muss, dass dieses Objekt auch Ältere an den Kopf bekamen. Aber die konnten das voraussehen und sich wegducken. Ich habe es sogar erlebt, dass ein Junge diesen Schlüsselbund fing und zurückwarf. Er traf die Frau an der Schulter. Keine Ahnung, ob das weh tat, ich hoffte es zumindest. Sie beschwerte sich beim Heimleiter und der Junge bekam Sanktionen auferlegt. Es wurde nicht hinterfragt, wie es dazu kam. Schuld war natürlich nicht sie und so wurde eben der Junge bestraft.

Die Kleineren, die dieses Ding an den Kopf bekamen, hatten meist weniger Glück. Selbst, als es blutende Platzwunden verursachte, durfte diese Frau weiter ihren Dienst tun. Wie konnte man es nur zulassen, dass diese Person Kinder beaufsichtigen durfte? Dieser Beruf nannte sich Erzieher, welch ein Hohn. Von Erziehung konnte nie die Rede sein. Es war der reinste Albtraum. Blutende Nasen, Köpfe und Ohren. Geschwollne Hintern und Hände. Wimmernde kleine Gestalten, weinende große Gestalten. Zutiefst verletzte Seelen. Wunden, die niemals heilen würden.

Als ich in der Lehre war, bekam auch ich die Grausamkeit dieser Frau zu spüren. Und auch das geschah ohne ersichtlichen Grund. Es war pure Quälerei. Ich musste zum schulischen Teil meiner Ausbildung bis in den Harz fahren. Dort war ich dann immer drei Wochen am Stück im Internat untergebracht. In den Wintermonaten war es ziemlich kalt in dieser Gegend. Mir fehlte noch eine Winterjacke und so sprach ich die Erzieherin rechtzeitig darauf an und sie versprach, eine zu kaufen. Leider hatte die Furie von Frau das Bekleidungsbudget unter sich, aber ich hoffte das Beste. Meist wurden mehrere Jacken gekauft und man hatte dann die Wahl. Als es bereits Mitte November und somit ziemlich kalt war, hatte ich immer noch keine Winterjacke. Stets erzählte sie mir dann, es gäbe im Moment keine zu kaufen und ich müsste warten. Ein andermal hatte sie drei Jacken da und ich durfte die sogar anprobieren. Eine davon passte ausgezeichnet und gefiel mir auch. Aber das gefiel ihr wohl nicht und sie meinte, die wäre an den Ärmeln viel zu kurz. Das war völliger Blödsinn, aber gegen diese Frau kam man nicht an und sie nahm mir die Jacke einfach wieder weg. So lief ich auch im Winter mit einer dünnen Jacke herum und war permanent erkältet. Aber das war noch nicht genug der Grausamkeit.

Ich musste im Internat auch Essengeld bezahlen und auch das gab sie mir nicht. Ich sagte ihr, dass ich kein Essen bekommen würde, wenn ich nicht bezahle. Sie tat das mit einem hämischen Grinsen ab und meinte, die Leute dort würden mich schon nicht hungern lassen. Aber da hatte sie sich gewaltig getäuscht. Als ich dem Internatsleiter das mitteilte, sagte er, ich würde tatsächlich kein Essen bekommen und es wäre besser, wenn ich wieder nach Hause fahren würde. Ich versuchte durchzuhalten. Nach drei Tagen bekam ich einen Apfel geschenkt, den ich gierig verschlang und gleich darauf wieder erbrach. Ich wurde nach Hause geschickt und ging zum Arzt. Zwei Wochen quälte ich mich mit einer schweren Magenschleimhautentzündung herum. Dazu war ich noch einer Lungenentzündung nahe.

Ich hatte trotz aller Widrigkeiten versucht, nicht aufzugeben. Aber nachdem meine Gesundheit so aufs Spiel gesetzt wurde, gab ich auf. Ich weigerte mich, wieder ins Internat zu fahren.

Der Heimleiter war zu jener Zeit krank und machte irgendwo eine Kur. Als er endlich wieder da war, bat ich sofort um ein Gespräch. Ich erzählte ihm, was passiert war und er traute seinen Ohren nicht. Er bat mich, die Lehre nicht abzubrechen und sagte, er würde sich darum kümmern und die Sache aufklären. Letzten Endes bekam die Erzieherin eine offizielle Rüge, behielt aber ihren Job. Für mich war das unfassbar. Wieso konnte dieser eisenharte Mann nicht Nägel mit Köpfen machen und dieses Miststück rausschmeißen? Sie hatte so viel Elend auf dem Gewissen und das wusste er. Heute denke ich, dass er vielleicht wirklich nicht zu entscheiden hatte, wer dort arbeiten durfte und wer nicht. Aber damals war das wie ein Schlag ins Gesicht. Ungerechtigkeit wohin man sah.

Als mir klar wurde, dass ich bis zu meiner Volljährigkeit im Heim bleiben würde, nahm ich mir vor, ein Tagebuch zu führen. Aber das war natürlich ein völlig private Angelegenheit und so kam ein Buch dafür nicht in Frage. Wo hätte ich das lassen sollen? Damit es nicht in andere Hände gerät, hätte ich es wohl immer bei mir tragen müssen und das war kaum möglich. Ich fand eine andere Lösung. Alles Erlebte, ob gut oder böse, brachte ich fast jeden Tag zu Papier. Dann klaute ich mir aus der Küche eine Rolle Alufolie und wickelte mein Geschriebenes darin ein. Wenn ich dann Zeit für mich hatte, lief ich in den Wald hinterm Haus bis zu einer bestimmten Stelle und vergrub es dort. Es hatten sich viele Zettel angesammelt über die Jahre. Manchmal nahm ich ein paar mit zu Martin und las sie ihm vor. Er war immer sehr schockiert, wenn er hörte, was im Heim so vorging. Aber das war mein Alltag und ich lebte damit. Ändern konnte ich es schließlich nicht. Es war jedoch wichtig für mich, mir das von der Seele zu schreiben. Mit Martin konnte ich zwar über alles reden, aber ich konnte nicht immer bei ihm sein. Und manchmal, wenn ich einfach zu viel Elend gesehen hatte, musste es irgendwie aus mir heraus. So vergrub ich meinen Kummer tief im Wald und dort liegt er heute noch.

Als ich das Heim für immer verließ, nahm ich das Geschriebene nicht mit. Ich wollte es nicht in meinem neuen Leben. Die Erinnerungen und die Wunden ließen sich nicht vergraben, die musste ich mitnehmen. Wie gern hätte ich die auch da gelassen. Vieles, was in meinem späteren Leben schief gegangen ist, habe ich darauf zurück geführt, was ich in meiner Kindheit und Jugend erleben musste. Es prägte mich einfach zu sehr und machte aus mir den Menschen, der ich heute bin. Die Saat aus Angst und Misstrauen wurde früh eingebracht bei mir und wuchs im Laufe meines Lebens zu einer stattlichen Mauer heran. Ich kann das Erlebte nicht vergessen, die Erinnerungen nicht löschen. Es begleitet mich an jedem Tag und zerfrisst mich.

Ich hatte bis dahin schon so tiefe Wunden, die auch die Zeit niemals heilen würde. Bis heute sind die Schatten der Vergangenheit stille Begleiter, die sich nicht abschütteln lassen. Es ist wie ein tief sitzender Stachel, der eine Wunde verursachte, die sich regelmäßig entzündet. Es gibt einfach kein Heilmittel dafür.

Der kostbare Blick in die Vergangenheit zeigt mir ein Leben in Angst und Zweifel, das meine Psyche vergiftet und meine Seele zerrissen hat. Ich habe so viel Grausamkeit erlebt und gesehen, dass es für zwei Leben reicht.

Der Abgang

Jedes Jahr im Sommer verließen uns diejenigen, die ihre Zeit in dieser Hölle endlich hinter sich gebracht hatten. Sie waren frei und konnten nun ihr eigenes Leben leben. Ich habe diese Glückspilze immer beneidet. Zur Feier ihres Abgangs wurde ein großes Fest gegeben. Jedenfalls in den ersten drei Jahren, die ich dort war. Danach verlief sich diese Tradition aus irgendwelchen Gründen im Sande. So kam es, dass, als mein Abschied anstand, niemand Notiz davon nahm.

Als ich nur noch ein paar Monate im Heim vor mir hatte, fuhr ich in meine Heimatstadt und kümmerte mich um eine eigene Wohnung. Mir war klar, dass sich im Heim keiner darum scheren würde, was mit mir passiert, wenn ich entlassen werde. Früher wurde so etwas immer mit den jeweiligen Abgängern gemeinsam erledigt. Man suchte die Ämter auf, um alles in die Wege zu leiten und es wurde Hausrat gekauft. Dafür gab Vater Staat jedem Abgänger ein Startkapital von dreitausend Mark. Klingt viel, war es aber nicht. Die simpelsten Anschaffungen wie Möbel und Haushaltsgeräte kosteten damals ein Vermögen. Ich wusste, dass auch mir dieses Geld zustand. Aber niemanden interessierte es, dass ich das Heim verließ und so ergriff ich Eigeninitiative und unterschrieb kurz vor meiner Entlassung den Mietvertrag für meine erste eigene Wohnung. Das war schon ein tolles Gefühl. Ich hatte nur ein Zimmer, eine Küche und einen kleinen Flur. Die Toilette auf dem Hausflur teilte ich mir mit meinen Nachbarn. Das Bad mit Wanne und Waschmaschine befand sich unterm Dach und wurde von allen Mietern genutzt, von denen es aber in unserem Haus nicht sehr viele gab. Trotz dieser Einschränkungen war ich überglücklich über mein eigenes kleines Reich und konnte es kaum erwarten, dort endlich richtig einzuziehen.

Ich hatte sehr nette Nachbarn. Ein junges, frisch verheiratetes Pärchen, das sich bis zu meinem Einzug um meine Wohnung kümmerte. Ich erklärte ihnen meine Situation und sie unterstützen mich. Der Mann tapezierte und sie brachte alles auf Hochglanz. Ich war dafür sehr dankbar, denn dafür hatte ich keine Zeit. Ich stand kurz vor meiner Facharbeiterprüfung und musste ja auch arbeiten bis zum Abschluss meiner Lehre.

Zwei Wochen vor meiner Entlassung packte ich bereits den Großteil meiner Sachen zusammen und brachte sie in meine Wohnung. Auch das Fahrrad, das ich im Jahr davor zu Weihnachten bekommen hatte, nahm ich mit.

Ich behielt nur das Nötigste da und freute mich auf den großen Tag. Inzwischen war es mir auch völlig egal, ob es jemanden interessierte, dass ich ging. Ich wollte nur noch weg und das alles hinter mir lassen. Meine Prüfung hatte ich bestanden und mich von allen im Betrieb verabschiedet. Im Heim verabschiedete ich mich von meinem besten Freund, dem Dicken, der mir immer die Treue gehalten hatte. Er war der Einzige, von dem ich ungern Abschied nahm.

Am Tag meines Weggangs ging ich ins Erzieherbüro und sagte, dass ich jetzt gehen würde. Sie saßen gemütlich beisammen mit Kaffee und Zigaretten und sahen nicht einmal hoch. Sie dachten wohl, ich melde mich ab, weil ich jetzt in die Stadt fahre. Als ich sie darüber aufklärte, dass ich jetzt für immer gehen würde, blieb allen der Mund offen stehen. Da hieß es auf einmal, das kann doch gar nicht sein. Es hätte sich doch niemand darum gekümmert, wie es nun weitergehen würde mit mir. Alle redeten sie durcheinander und waren völlig verwirrt. Ich konnte darüber nur müde lächeln. Mit einem lauten Zwischenruf brachte ich sie zum schweigen. Ich klärte sie darüber auf, dass ich alles Nötige bereits selbst organisiert hatte und verlangte mein Geld. Urplötzlich trat Stille ein. Alle sahen sich an. Mir war klar, dass man mir die dreitausend Mark nicht in bar in die Hand drücken würde, aber ich wusste, es stand mir zu und ich würde nicht ohne dieses Geld gehen. Eine Erzieherin stellte mir dann Gutscheine aus. Zweimal eintausend Mark und zweimal fünfhundert Mark. Sehr ansehnlich war das nicht. Die Handschrift war krakelig und der Stempel kaum lesbar. Aber sie sagte mir, das sei so gut wie bares Geld und jedes Kaufhaus müsste die annehmen. Ich hatte da so meine Zweifel, nahm sie jedoch und verabschiedete mich höflich.

Sie fragten mich noch, wo ich denn jetzt hingehen würde. Ich blickte noch einmal in die Runde, in all die verhassten Gesichter, zeigte allen den Stinkefinger und ging erhobenen Hauptes aus dem Haus. Als ich das Tor hinter mir schloss und den Weg zur Bushaltestelle einschlug, atmete ich tief ein. Die Luft war reiner als je zuvor, die Sonne schien heller als je zuvor und die Vögel sangen lieblicher als je zuvor. Ein unglaubliches Gefühl durchströmte mich. Ich hatte es geschafft. Ich fuhr in die Freiheit. Am selben Abend trank ich mit meinen Nachbarn eine Flasche Sekt. Es wurde ein sehr langer Abend, denn ich hatte viel zu erzählen und sie hörten zu.

Am nächsten Morgen erwachte ich zum ersten Mal in meiner eigenen Wohnung. Ich hatte zwar etwas Kopfweh vom Alkohol, aber das war fast angenehm in dieser Umgebung. Es war immer noch unfassbar für mich. Ich war frei und die Welt lag mir zu Füssen. Die Freude wurde nur etwas dadurch getrübt, dass ich in einer leeren Wohnung saß.

Da niemand mit mir einkaufen gegangen war, hatte ich natürlich nichts, was ich mir in die Wohnung stellen konnte. Meine Nachbarn liehen mir eine Luftmatratze und einen Schlafsack. Ich duschte ausgiebig und frühstückte dann mit meinen Nachbarn. Sie hatten so viel Verständnis für meine Lage, dass sie bereitwillig alles mit mir teilten. Meine Nachbarin begleitete mich dann auf dem Weg durch die Kaufhäuser, um erstmal das Nötigste an Hausrat zu kaufen. Bei den Möbeln wurde das schon etwas schwieriger. Diese Dinge waren ziemlich teuer und ich musste mir mein Geld genau einteilen. Als ich das Wohnzimmer eingerichtet hatte, fehlte mir das Geld für die Küche. Einen Herd bekam ich vom Vermieter gestellt, aber ich hatte keinen Schrank für mein Geschirr und andere Dinge. Auch da halfen mir meine Nachbarn. Von deren Großeltern bekam ich ein großes Büfett geschenkt. Dieses wuchtige Stück war aus der Gründerzeit und es war wunderschön. Es erinnerte mich an die Küche meiner Großeltern, denn dort stand auch so eines. So hatte ich jedes Mal ein wehmütiges Lächeln im Gesicht, wenn ich mit der Hand darüber strich.

Dann erstand ich noch billig einen kleinen, gebrauchten Kühlschrank, zwei Stühle und einen Tisch. Nach drei Tagen war mein kleines Reich komplett mit allem ausgerüstet. Zum ersten Mal konnte nun ich meine Nachbarn einladen und sie mit einem Abendessen bewirten. Da ich gerade meine Ausbildung zur Köchin absolviert hatte, wurde es ein voller Erfolg. Nach dem Essen erzählten mir beide freudestrahlend, dass sie ein Baby erwarten und ich freute mich riesig mit ihnen.

Auch ich träumte davon, eines Tages eine große Familie zu haben. Alles, was mir in der Kindheit und Jugend verwehrt blieb, wollte ich meinen Kindern geben. Sie sollten in einem glücklichen, behüteten zu Hause aufwachsen. Aber Träume sind eine Sache, die Realität einen andere. Und so kam es auch hier etwas anders, als ich es geplant hatte.

Der Tod der Frau X

Da ich Geld zum leben brauchte, kümmerte ich mich als nächstes um einen Job. Im großen, neu gebauten Seniorenheim bewarb ich mich als Köchin. Ich wurde angenommen und konnte auch sofort anfangen.

Nachdem ich den Job angetreten hatte, wurde mir jedoch sehr schnell klar, dass dies auf keinen Fall die Tätigkeit ist, die ich für den Rest meines Lebens ausüben möchte. Ich hatte die Ausbildung auf drängen des Heimleiters begonnen, konnte mich mit dem Beruf aber nie anfreunden. Meine Abschlussprüfung schaffte ich mit Ach und Krach und hatte mir vorgenommen, niemals wieder in einer Küche zu arbeiten. Ich hasste einfach alles, was damit zusammenhing. Aber das hatte ich nun mal gelernt und so kam erst einmal nichts anderes in Frage. Mir fiel es jedoch von Tag zu Tag schwerer, zur Arbeit zu gehen. Nach einem Monat etwa hielt ich es nicht mehr aus und so ging ich zur Leiterin des Seniorenheims und bat um eine Unterredung. Es wurde ein sehr langes Gespräch. Ich erzählte ihr, wo ich herkam und was ich erlebt hatte. Sie war sichtlich beeindruckt von meiner Geschichte und bot mir daraufhin einen Job auf einer der Stationen an. So kam es, dass mein Arbeitsvertrag geändert wurde ich von diesem Tag an als Altenpflegerin arbeitete. Damals durfte man diesen Beruf noch ungelernt ausüben und es herrschte zudem Personalmangel auf den Stationen. Ich wusste nicht, was da genau auf mich zukommt, war aber bereit, alles zu tun, wenn ich nur aus der Küche raus kam.

Die ersten zwei Wochen hatte ich den gleichen Schichtplan wie die Stationsschwester, damit diese mich in alles einweisen konnte. In der zweiten Woche hatte ich zum ersten Mal Nachtschicht. Noch nie zuvor war ich einen ganze Nacht lang wach gewesen und nun musste ich sogar die ganze Nacht lang arbeiten. Es dauerte ein paar Tage, bis ich mich an diesen Zustand gewöhnt hatte.

Die ersten Tage waren sehr anstrengend, denn wir waren permanent unterbesetzt und das auf allen Stationen. Das Heim war gerade erst eröffnet worden und die oberste Station war noch nicht mal fertig eingerichtet. Trotzdem musste alles wie am Schnürchen laufen und das hieß arbeiten bis zum umfallen. Anfangs tat ich mich ziemlich schwer mit den Tätigkeiten, die ich zu verrichten hatte. Auf unserer Station gab es viele Bewohner, die bereits bettlägerig waren. Das bedeutete waschen im Bett, Bettwäsche wechseln, füttern und Bettpfannen leeren. In den ersten Tagen hatte ich auf Grund der üblen Gerüche öfter mit Brechreiz zu kämpfen. Bisher hatte ich nur meine eigene Kehrseite sauber zu halten und nun musste ich das täglich bei anderen Menschen machen. Und obwohl ich manchmal kurz davor war, mich zu übergeben, riss ich mich zusammen und gab nicht auf. Ich wollte diesen Job unbedingt behalten, denn auch wenn es eklig war, lagen mir diese hilflosen Gestalten in ihren Betten schon nach kurzer Zeit am Herzen. Die Vorstellung, dass es mir eines Tages genauso gehen könnte, spornte mich an. Und wie schon ein paar Mal zuvor in meinem Leben, entwickelte ich den eisernen Willen, durchzuhalten.

Nach einer Woche hatte ich dann den schlimmsten Ekel überwunden und die Arbeit ging mir zügig von der Hand. Mir ist bewusst, dass sich das mit dem Ekel nicht sehr nett anhört, aber ich gebe hier das zu Papier, was ich empfunden habe. Ich denke, der Beruf Altenpfleger erfordert eine gewisse Robustheit und diese entwickelte ich schon nach kürzester Zeit. Meine Arbeit machte mir Spaß, denn die Menschen lagen mir am Herzen und selbst die intimsten Tätigkeiten gingen mir leicht von der Hand. Ich entwickelte Einfühlungsvermögen in einem Ausmaß, wie ich es vorher noch nicht kannte. Und genau dieses Mitgefühl brachte mich später dazu, diesen Job zu kündigen und mir selber zu schwören, nie wieder in dieser Branche zu arbeiten.

Ich hatte etwa zwei Monate auf unserer Station gearbeitet. Mit den Kollegen kam ich gut aus und bei den Bewohnern war ich beliebt wie keine andere Schwester. Denn obwohl der Dienstplan immer eng war, nahm ich mir bei jedem Bewohner die Zeit für ein kurzes Gespräch. Ich wusste, wie wichtig es für diese Menschen war, dass man ihnen wenigstens kurz zuhört. So kam ich immer mit einem Lächeln in die Zimmer und nahm mir einfach die Zeit dafür. Von den andern Schwestern wurde das nicht so gern gesehen, aber mir war das egal. Wir hatten schließlich die Verantwortung für unsere Bewohner und das schloss für mich auch die persönliche Zuwendung mit ein.

Als Frau X zu uns auf die Station kam, hatte ich sie vom ersten Tag an ins Herz geschlossen. Sie war eine nette, alte Dame. Noch gut zu Fuß und völlig klar im Kopf. Da ich sie sehr gern hatte, nahm ich mir auch oft die Zeit, um mit ihr zu reden. Sie erzählte mir viel aus ihrem Leben, was ich immer sehr spannend fand, denn sie hatte viel erlebt.

Als vollwertiges Mitglied unserer Schwesternschaft auf der Station war ich auch für die Medikamentenausgabe zuständig, wenn ich Dienst hatte. So bekam ich auch mit, dass Frau X, seit sie zu uns kam, Haloperidol verabreicht wurde, und zwar jeden Tag. Ich kannte mich mit Medikamenten etwas aus. Die schulische Ausbildung während meiner Lehre fand in der medizinischen Fachschule statt.

Dort wurden wir in Anatomie, Physiologie, Pathologie und Krankheitslehre unterrichtet. Eigentlich hätte ich eine gute Ärztin abgegeben nach meiner Ausbildung. Zumindest wusste ich auf Grund dieses medizinischen Wissens, dass Haloperidol bei akuter oder chronischer Schizophrenie verabreicht wird. Daher war es mir ein Rätsel, warum man dieses Medikament Frau X gab. Es lagen keinerlei Gründe dafür vor. Natürlich sprach ich unsere Stationsschwester darauf an. Sie reagierte ziemlich pikiert darauf. Sie machte mir unmissverständlich klar, dass ich mich in diese Dinge nicht einzumischen hätte, da mir die Kompetenzen dafür fehlten. Mich machte das stinkwütend. Ich war zwar keine examinierte Schwester, aber ich wusste genau, dass diese Medikation bei Frau X völlig unsinnig war. Leider kam ich trotz meiner Proteste nicht dagegen an und so musste ich weiterhin mit ansehen, wie Frau X diese Droge eingeflösst wurde. Die Wirkung oder besser gesagt Nebenwirkung ließ nicht lange auf sich warten.

Bei unseren Gesprächen verlor sie immer öfter den Faden und kam durcheinander. Bald darauf musste ich mich ihr jeden Tag aufs Neue vorstellen, weil sie mich nicht mehr erkannte. Dann fragte sie mich immer öfter, wo sie ist und wie sie überhaupt dahin gekommen ist. Mir zerriss es fast das Herz dabei. Frau X verfiel zusehends und ich konnte nichts dagegen tun. Irgendwann war es so schlimm, dass sie Hilfe bei den simpelsten Tätigkeiten brauchte, die sie nur Wochen zuvor ganz allein bewältigen konnte. Wie zum Beispiel das morgendliche Anziehen. Anfangs ging Frau X zu den Mahlzeiten immer in den Speisesaal, der sich im Erdgeschoss befand. Das war nach kurzer Zeit nicht mehr möglich. Sie aß dann auf ihrem Zimmer und auch das ging bald nicht mehr ohne Hilfe. Als man das Tablett mit dem Essen vor sie hinstellte, wusste sie nicht, was sie tun sollte. So musste immer eine Schwester bei ihr bleiben, bis sie gegessen hatte und das artete bald darauf dann darin aus, dass sie gefüttert werden musste.

Als Frau X zu uns kam, war sie noch sehr mobil. Sie lief durch unsere Station und fuhr hinunter in den Speisesaal. Damit war ziemlich bald Schluss. Dann schlich sie durch die Gänge, hielt sich immer am Geländer fest und wenn man sie ansprach, wusste sie nicht, wo sie ist. Ihre Tochter kam sie jedes Wochenende besuchen. Sie war jedes Mal aufs Neue erschrocken, wenn sie ihre Mutter sah. Ich konnte und wollte dieses Elend nicht weiter mit ansehen und sprach die Tochter von Frau X an. Ich erzählte ihr von der falschen Medikation und bat sie, dies mit der

Heimleiterin zu besprechen. Erreicht hatte sie damit wohl nichts, denn Frau X wurde weiter mit Haloperidol voll gestopft. Mir tat das so leid und ich war absolut machtlos dagegen.

Nicht lange danach hatte ich während meiner Frühschicht die Aufgabe Frau X zu füttern. Ihr Frühstück bestand aus etwas Puddingsuppe, welche ich ihr aus einer Schnabeltasse verabreichte. Zu diesem Zeitpunkt war sie kaum mehr in der Lage selbst zu schlucken und ich machte mir große Sorgen um sie. Mir war klar, dass es nun nicht mehr lange dauern würde, bis man Frau X über eine Sonde ernähren muss und dieser Gedanke machte mich unendlich wütend und traurig zugleich. Es kam jedoch nicht mehr zu dieser Maßnahme, denn Frau X starb an jenem Morgen.

Als ich versuchte, ihr die Puddingsuppe langsam einzuflößen, erlitt sie einen starken Hustenanfall, an dem sie förmlich erstickte. Ich hatte sie aufgerichtet und hielt sie an meinen Oberkörper gedrückt im Arm, als sie röchelnd nach Luft rang. Auf mein klingeln und rufen reagierte niemand und allein lassen konnte ich Frau X ja nicht in diesem Zustand. Also hielt ich sie einfach im Arm, bis es zu Ende war. Es ging alles sehr schnell.

Nachdem sie still geworden war, saß ich noch eine Weile so da und legte sie dann vorsichtig zurück auf ihr Kissen. Ich hielt ihre Hand, die so zerbrechlich wirkte und sprach leise mit ihr. Die Geräusche auf der Station rückten in weite Ferne. Im Zimmer herrschte eine friedliche Stille. Trotzdem hatte die Situation etwas groteskes an sich. Ein Mensch war gerade in meinen Armen gestorben und ich blieb völlig ruhig. Nie zuvor war ich mit dem Tod in dieser Form konfrontiert worden und doch hatte ich keine Angst. Es fühlte sich seltsam an, fast wie eine Art Trance. Ich saß am Bett der toten Frau X und hing meinen Gedanken nach. Warum war ich nicht schockiert, ja nicht mal erschrocken? Warum bin ich nicht, in Panik schreiend, aus dem Zimmer gerannt? Warum saß ich hier und hielt die Hand einer toten Frau?

Ließ mich denn der Tod wirklich so kalt? Aber das konnte nicht sein, denn ich hatte Frau X sehr gemocht und so hätte ich doch eigentlich völlig am Boden zerstört sein müssen. Ich fand keine Antworten auf meine Fragen.

Als die morgendliche Hektik sich gelegt hatte, wurde ich wohl vermisst. Die Stationsschwester fand mich schließlich. Ich saß noch immer am Bett und hielt die Hand der toten Frau. Die Schwester sah sofort, was los war, fühlte dennoch den Puls und breitete dann ein Laken über den leblosen Körper.

Dann nahm sie mich an die Hand und führte mich sanft aus dem Zimmer. Alle waren der Meinung, ich stehe völlig unter Schock. Ich wurde im Schwesternzimmer auf einen Stuhl gesetzt und irgendjemand drückte mir einen Becher Kaffee in die Hand. Ich weiß noch, dass ich dachte, wie nett diese Geste gemeint war und gleichzeitig doch so sinnlos. Was hätte eine Tasse Kaffee denn im Falle eines Schocks bewirken können? Bei der allgemeinen Hektik, die ausbrach kam ich zu der Erkenntnis, dass alle anderen unter Schock standen, nur nicht ich.

Als die Stationsschwester zu mir kam, war meine Tasse immer noch voll und sie nahm sie mir aus der Hand. Für den Bericht erzählte ich ihr, was vorgefallen war und fragte, warum denn niemand auf mein klingeln reagiert hatte. Klingeln bedeutete schließlich, dass jemand Hilfe benötigte. Jeder Bewohner hatte so eine Klingel am Bett. Wenn diese gedrückt wurde, ging im Schwesternzimmer ein Licht an und ein Summton ertönte. Und wenn das passierte, hatte man sich schnellstens in das jeweilige Zimmer zu begeben. Als ich klingelte und dringend Hilfe brauchte, kam jedoch niemand. Dafür gab es eine einfache Erklärung. Alle Schwestern waren in den Zimmern beschäftigt. Die Station war permanent unterbesetzt und so kam es, dass sich niemand im

Schwesternzimmer oder dessen Nähe aufgehalten hatte. Was ergibt sich daraus für ein Fazit? Dass es jederzeit wieder zu so einer Situation kommen könnte und somit noch mehr Patienten sterben würden. Das war ein absoluter Skandal!

Die quälende Frage, ob man Frau X hätte retten können, machte mich fast wahnsinnig. Hätte ich doch etwas tun können, um zu verhindern, dass sie stirbt? Natürlich gab mir niemand die Schuld an dem was passiert war. Ich jedoch gab der Stationsschwester die Schuld. Sie hatte den Verfall und somit auch den Tod von Frau X zu verantworten. Denn nur durch die unsinnige, völlig falsche Medikation kam es überhaupt zu dieser Tragödie. Das sagte ich ihr auch und handelte mir damit nur eine überhebliche Zurechtweisung ein. Ich sei keine examinierte Schwester und hätte folglich von diesen Dingen keine Ahnung, so lautete die Antwort. Am liebsten hätte ich dieser ignoranten Person ins Gesicht gespuckt.

Ich wurde für den Rest des Tages beurlaubt und fuhr nach Hause. Zuvor rief ich noch meinen Mann bei der Arbeit an und bat ihn, sich ebenfalls den Rest des Tages freistellen zu lassen. Ich wollte nach dieser Sache einfach nicht allein sein. Wie sich dann herausstellte, war das eine gute Entscheidung. Als ich meinem Mann später alles erzählte, flossen Sturzbäche von Tränen. Erst als er mich wortlos in den Arm nahm, wurde mir bewusst, was ich erlebt hatte. Der Schock, von dem ich mich fragte, warum er ausblieb, kam jetzt mit voller Wucht. Es dauerte lange, bis ich mich beruhigt hatte. Als die Tränen versiegt waren, hatte ich eine Entscheidung getroffen. Ich wollte diesen Job nicht weitermachen. Als ich anfing, als Altenpflegerin zu arbeiten, hatte ich nach kurzer Zeit viel Spaß an meiner Arbeit. Ich beschloss, nachträglich eine entsprechende Ausbildung in diesem Beruf zu absolvieren.

Im Heim war ich immer für die Kleinen und Schwächeren da, fühlte mich irgendwie verantwortlich. Die Arbeit im Pflegeheim war ungefähr dasselbe. Aber wie im Heim wurde ich auch hier eines besseren belehrt. Es gab einfach zu viel Ungerechtigkeit auf der Welt, die vor nichts und niemandem halt machte und ich schien mich immer mitten im Zentrum des Ganzen zu befinden. Ich konnte mich noch so sehr engagieren um zu helfen, bei vielen Dingen stand ich machtlos auf verlorenem Posten. Diese ganze Scheiße passierte einfach und ich konnte nichts dagegen tun. Jedes Mal, wenn ich in so einer Situation war, starb etwas in mir. Im Heim war ich nicht in der Lage, etwas gegen die dauernden Schikanen und Ungerechtigkeiten zu unternehmen. Zumal ich dem ja selbst ausgesetzt war. Es gab kein Entkommen. Aber als Erwachsener hatte ich die Wahl. Ich wollte und konnte mir das nicht mehr mit ansehen. Am nächsten Tag reichte ich meine fristlose Kündigung ein.

Zunächst wollte man mir auch hier Steine in den Weg legen, da ich laut Vertrag eine Kündigungsfrist einzuhalten hatte. Ich berief mich jedoch auf die Ereignisse des letzten Tages. In meinen Augen handelte es sich beim Tod von Frau X um einen Fall grober Fahrlässigkeit und Körperverletzung. Das sagte ich der Heimleitung und auch, dass ich das alles notfalls bezeugen würde. Man verstand meine Anspielung und entsprach meiner fristlosen Kündigung. Ich holte meine restlichen Sachen von der Station und ging ohne ein Wort des Abschieds.

Ein guter Mann

Kurz nachdem ich meine eigene Wohnung bezogen hatte, lernte ich meinen zukünftigen Mann kennen. Ich sah Peter das erste Mal in einer Disco. Er kam zu dem Tisch, an dem ich mit Freunden saß und man merkte sofort, dass er nicht mehr ganz nüchtern war. Er setzte sich neben mich und versuchte in seinem angesäuselten Zustand, mich in ein Gespräch zu verwickeln. Ich fand ihn irgendwie süß und deshalb ließ ich mich darauf ein. Wenn es mir zu blöd geworden wäre, hätte ich ihn schon abgewimmelt. Aber er war ein angenehmer und vor allem witziger Gesprächspartner. Nach einigen spendierten Drinks legte er den Arm um mich und ich ließ es zu. Ich hatte nicht den Eindruck, dass Peter sich etwas davon erhoffte und darum die Spendierhosen anhatte. Eigentlich fand ich es ganz schön, so bei ihm zu sitzen. Als später noch andere Bekannte von ihm zu uns stießen, stellte er mich als seine neue Freundin vor und auch das ließ ich zu. Niemand kannte mich bis dahin und alle waren neugierig und stellten Fragen. Viele wollten wissen, woher wir uns kannten und wie wir zusammen gekommen waren. Die Antwort war ziemlich simpel aber wir entschlossen uns, die andern erst einmal im Unklaren darüber zu lassen. Und dieser gemeinsame Entschluss ergab sich durch einen Augenkontakt. Wir sahen uns in die Augen, mussten beide grinsen und damit war alles klar. Es passte einfach.

Ich bat Peter, nur noch Bier zu trinken und den Schnaps wegzulassen. Alle, die mit uns am Tisch saßen, kannten Peter gut. Von ihnen erfuhr ich, dass er oft zu tief ins Glas guckt und dann aggressiv wird und nicht selten Streit sucht. Umso erstaunter waren sie, dass er auf mich hörte. Alles in allem war es schöner Abend und ich wollte Peter gern wieder sehen.

Als ich nach Hause wollte, fragte ich ihn, ob er Lust hätte, am nächsten Tag zu mir zu kommen. Natürlich wollte er das und so versuchte ich ihm zu erklären, wo ich wohnte. Aber das war gar nicht so leicht. Sein Alkoholpegel in Verbindung mit der frischen Luft, denn wir standen zu diesem Zeitpunkt draußen, machte die Sache etwas schwierig. Er war einfach nicht mehr aufnahmefähig. Zettel und Stift waren nicht zur Hand und Telefon hatten die wenigsten zu Hause. Auch seine Mutter nicht, bei der er immer noch wohnte. Letzten Endes entschied ich mich dafür, ihn einfach mit zu mir zu nehmen. Zum Glück hatte ich Platz für zwei auf meiner Couch. Er schlief sofort ein, kaum dass er lag. Ich lag neben ihm und fand keinen Schlaf. Lange Zeit sah ich ihn einfach nur an. Und auf einmal machte ich mir Gedanken um die Zukunft. Das hatte ich vorher noch nie getan. Wie sollte mein weiteres Leben aussehen? Wann war ich bereit für eine Ehe und Kinder? Würde ich denn eine gute Mutter sein können, nach dem, was ich durch gemacht hatte in meiner Kindheit und Jugend?

Nach Martin hatte ich mich nicht wieder verliebt. Ständig zog ich Vergleiche und keiner war gut genug. Aber nun hatte ich Peter kennen gelernt und er lag hier neben mir. Ich hatte ihn mit genommen, weil ich ihn wieder sehen wollte. Und war das schon alles? War ich denn jetzt bereit, mich neu zu verlieben? Natürlich weiß man vorher nie, ob es der Richtige ist. Ich wusste nur, ich wollte jemanden wie Martin. Er war der Sinn meines Lebens gewesen. Ohne ihn wäre ich kaputt gegangen an diesem schrecklichen Ort.

Nun war ich an einem besseren Ort, alles hatte sich verändert. Aber war Peter der Richtige? Diese Frage konnte mir niemand beantworten. Während mir all diese Gedanken durch den Kopf gingen, begann draußen bereits der Morgen zu grauen. Ich sah den schlafenden Mann neben mir an und fasste einen Entschluss. Diesmal würde ich nicht vergleichen, sondern es einfach auf mich zukommen lassen. Ich sehnte mich nach Liebe und Geborgenheit und glaubte daran, dass Peter mir beides geben würde. Beruhigt schloss ich die Augen und schlief ein.

Lange schlief ich jedoch nicht. Als ich erwachte, schien die Sonne hell ins Zimmer und Peter schnarchte leise. Ich stand auf und machte Frühstück. Nachdem der Tisch gedeckt war, weckte ich ihn. Verwundert schaute er sich um und nach und nach kam die Erinnerung zurück. Er sah mich an und lächelte. Ich glaube, das war der Augenblick, in dem ich mich in ihn verliebte. Beim Frühstück sprachen wir über den vergangenen Abend und ich staunte, dass er noch alles wusste. Es wurde ein langes Frühstück, bei dem viel erzählt und gelacht wurde. Den Abwasch machten wir gemeinsam und fühlten uns dabei wie ein Ehepaar. Aber es war ein gutes Gefühl. Danach bat er mich, ihn nach Hause zu begleiten. Er wollte mich seiner Mutter vorstellen. Ich hielt das für keine gute Idee und sagte ihm das auch. Innerlich fürchtete ich mich einfach davor. Am Abend zuvor hatte ich zwar auch neue Leute kennen gelernt aber das war natürlich etwas völlig anderes, als der Mutter von jemandem gegenüber zu stehen. Ich hielt das für verfrüht. Aber andererseits hatte ich ja nicht anderes getan. Ich hatte Peter mit zu mir genommen, nachdem ich ihn gerade erst kennen gelernt hatte. So was macht man ja normalerweise nicht als anständiges Mädel. Nur dass ich dabei keine Hintergedanken hatte. Aber verfrüht war es allemal. Also konnte ich auch meine Angst überwinden und Peter begleiten. Und das tat ich dann auch. Bereut habe ich das nie. Seine Mutter war zwar sehr erstaunt, als wir gemeinsam ankamen aber sie sagte nichts weiter dazu. Peter war schließlich einundzwanzig Jahre alt und ich war sicher nicht die Erste, die er mit nach Hause brachte. Aber sicher hatte sie nicht damit gerechnet, dass ich mal ihre Schwiegertochter werden würde.

Ich hatte von Anfang an ein sehr gutes Verhältnis zu Peters Mutter. Sie wurde mir Mutter, mehr als ich je zuvor eine hatte und dafür liebte ich sie aufrichtig. Peter freute sich natürlich sehr darüber, betonte aber auch immer wieder, er hätte es ja gewusst, was mich jedes Mal zum schmunzeln brachte. Wir waren jedenfalls von diesem Tage an offiziell ein Paar und ich liebte diesen Mann wirklich.

Drei Monate später beschlossen wir, uns zu verloben. Peter war zu mir gezogen und in meiner kleinen Wohnung richteten wir eine Feier für Familie und Freunde aus und alle freuten sich mit uns. Es gab natürlich auch Skeptiker von Anfang an, die der Meinung waren, es ginge alles zu schnell. Aber seit Peter und ich zusammen gehörten, sah man uns auch nur noch zusammen. Und damals war das Leben auch noch einfach. Wir hatten beide unsere Jobs und trafen uns nach Feierabend mit Freunden oder lümmelten vor dem Fernseher rum. An den Wochenenden unternahmen wir grundsätzlich etwas mit Freunden. Nach ein paar Wochen waren auch die größten Skeptiker verstummt. Wenn man uns zusammen sah, war man davon überzeugt, dass dies die Liebe fürs Leben ist. Aber wenn mein Leben mich etwas gelehrt hatte, dann, dass nichts so kommt, wie man es plant oder zumindest erhofft.

Ich hatte zu Peter uneingeschränktes Vertrauen und erzählte ihm meine Lebensgeschichte. Er war mehr als ein Mal geschockt wegen dem, was er da zu hören bekam. Doch hatte ich immer das Gefühl, dass uns mein verkorkstes Leben umso mehr zusammen schweißte. Dies beruhte jedoch nicht auf Mitleid, sondern auf Respekt. Ich fühlte mich bei Peter stets geliebt und verstanden. Und da das auf Gegenseitigkeit beruhte, beschlossen wir drei Monate nach unserer Verlobung zu heiraten. Wir waren uns sicher, also warum warten? Und da wir nicht warten wollten, hatten wir natürlich auch nur ein relativ kleines Budget für unsere Hochzeit. Da keiner von uns beiden je etwas mit Kirche zu tun hatte, wollten wir nur eine Trauung im Standesamt und auch nur im kleinen Kreis.

Was die Kleidung betraf, so entsprach ich auch hier wieder einmal nicht dem Klischee. Heißt es nicht, dass jedes Mädchen von einer großen Hochzeit träumt? Von einem rauschenden Fest in einem wunderschönen weißen Kleid und vielen Gästen. Ich hatte diesen Traum nie und legte auf nichts davon Wert. Ich wollte einfach nur den Mann heiraten, den ich liebte. Was ich dabei anhatte war nicht von Bedeutung.

Als wir beschlossen zu heiraten, äußerte Peter einen seltsamen Wunsch. Er wollte meine Stiefeltern dabei haben. Ich war nicht sicher, was ich von dieser Idee halten sollte. Der Gedanke war für mich völlig abwegig. Warum sollten gerade diese beiden Menschen am wichtigsten Tag meines Lebens dabei sein? Ihnen hatte ich schließlich die schlimmsten Tage meines Lebens zu verdanken und ich hatte nicht das Bedürfnis, sie wieder zusehen. Obwohl ich nach meiner Entlassung aus dem Heim wieder in meine Heimatstadt zurück gekehrt war und sie auch dort lebten, waren wir uns bis dahin nie über den Weg gelaufen. Manchmal machte ich mir Gedanken darüber, wie ich wohl reagieren würde, wenn das eines Tages geschehen sollte. Die Möglichkeit war immerhin mehr als wahrscheinlich, denn wir lebten nicht in einer Großstadt.

Ich sprach lange mit Peter über seinen Wunsch und gab letztlich mein Einverständnis. Wir verschickten Einladungskarten und warteten auf die Antworten. Obwohl wir die einfachste Art der Trauung gewählt hatten, wollten wir uns doch den kleinen Luxus einer gemeinsamen Feier mit Freunden und Familie in einem Restaurant gönnen. Das musste natürlich geplant und vorbestellt werden, also mussten wir die genaue Anzahl unserer Gäste angeben.

H und R hatten nicht auf unsere Einladung geantwortet. Mich wunderte das nicht und für mich war die Angelegenheit damit auch erledigt. Für Peter jedoch nicht. Er wollte sie aufsuchen und sie persönlich fragen. Gegen diesen Vorschlag sträubte sich jede Faser meines Körpers. Ich verstand seine Hartnäckigkeit nicht. Da es ihm aber sehr wichtig war, traten wir diesen Weg gemeinsam an.

Ich wusste, dass H und R noch berufstätig waren. Sie arbeiteten immer noch im selben Werk wie zu meiner Kindheit und hatten immer noch zur selben Zeit Feierabend. Wir erwarteten sie also vor ihrer Haustür. Als ich sie von weitem ankommen sah, fing ich an zu zittern. Ich hatte einen sauren Geschmack im Mund und schwitzte plötzlich wie verrückt. Peter hatte mich fest im Arm und sagte mir immer wieder, dass alles gut werden würde. Das beruhigte mich zwar nicht wirklich aber ich riss mich zusammen. Als die beiden dann vor uns standen, war ich doch etwas verblüfft, denn so hatte ich sie nicht in Erinnerung. Ich hatte H und R zuletzt vor fünf Jahren gesehen und diese Zeit war nicht spurlos an ihnen vorüber gegangen. Beide waren sehr ergraut und H hatte sein Gewicht verdoppelt. Das brachte mich fast zum lachen. Es sah einfach grotesk aus denn H war von Natur aus nicht sehr groß.

Ich stellte Peter vor und überließ ihm dann das reden. Er fragte geradeheraus, warum sie nicht auf unsere Einladung geantwortet hatten. R ergriff das Wort und H stand daneben wie ein Depp. Das hatte sich also nicht geändert. Sie sagte, dass sie beide es ablehnen zu kommen, da sie niemanden dort kannten. Noch dazu wüssten sie nicht, was ich erzählt hatte von früher und so könnte es gut sein, dass sie von allen nur böse angestarrt würden. Mir blieb die Spucke weg. Diese Frau war einfach unglaublich. Das war also die Begründung? Sie machte sich Sorgen um ihren Ruf, alles andere war unwichtig. Eigentlich hätte ich mit etwas in dieser Art rechnen müssen, konnte es aber trotzdem nicht fassen. Selbst Peter blieb der Mund offen stehen. Mir wurde übel vor Wut und Abscheu. Es hätte nicht viel gefehlt und ich hätte beide von oben bis unten voll gekotzt. Ich sah H, der die ganze Zeit nichts gesagt hatte, voller Verachtung an und dann gingen wir zum Auto zurück. Auf der kurzen Heimfahrt sprachen wir kein Wort. Auch als wir wieder zu Hause waren, sagte Peter nichts. Er setzte sich in seinen Sessel und zündete sich eine Zigarette an. Ich wusste, dass er jetzt einen Drink gebrauchen konnte und mir ging es nicht anders. Als ich mit der Flasche Wein und zwei Gläsern aus der Küche kam, hatte sich sein Gesichtsausdruck verändert. Aus Verblüffung war Wut geworden. Wir saßen an diesem Abend noch lange zusammen und redeten. Am nächsten Tag gaben wir dann im Restaurant unsere genaue Gästezahl an und wählten das Menü aus. Über H und R haben wir danach nie wieder gesprochen.

Unsere Hochzeit wurde wunderschön. Das Essen war köstlich und die Feier ging bis in den späten Abend. Ganz besonders freute ich mich darüber, dass auch meine ehemaligen Nachbarn dabei waren. Peter und ich waren zwei Monate zuvor in eine größere Wohnung gezogen und auch sie wohnten nun woanders, denn sie hatten einen Monat vor unserer Hochzeit ihren Sohn bekommen. Als wir sie besuchten und zur Geburt gratulierten, hielt ich das erste Mal ein Baby im Arm. Das war ein unbeschreibliches Gefühl. Als ich Peter mit dem Kleinen im Arm sah wusste ich, dass auch wir eine Familie werden würden.

Allerdings ging das schneller, als wir gedacht hatten. Bei unserer Hochzeit war ich bereits schwanger, wusste es aber noch nicht. Als der Arzt mir dann sagte, dass ich ein Baby erwarte, weinte ich vor Freude. Ich glaubte, nun alles Glück der Welt zu haben. Doch es sollte auch hier anders kommen.

Ein Neuanfang und ein schlimmer Geburtstag

Als ich im siebten Monat war, traten H und R wieder in mein Leben. Es war ein merkwürdiger Zufall, dass wir bei einem Einkauf ausgerechnet diesen beiden Leuten über den Weg liefen. Wir gingen an diesem Abend in ein Lampengeschäft. Es war kurz vor Ladenschluss und wir waren die letzten Kunden. Nur ein Mann und eine Frau waren außer uns noch dort. Und das waren H und R. Ich machte Peter darauf aufmerksam und er sah mich ratlos an. Unsere erste Überlegung war, das Geschäft sofort zu verlassen. Aber wieso eigentlich? So schenkten wir den beiden keine Beachtung und sahen uns um. R hatte uns aber bereits gesehen und dann kamen beide auf uns zu. Diesmal war es H, der zuerst sprach. Er gratulierte uns nachträglich zur Vermählung und gab uns beiden dabei die Hand. Ich war so verblüfft über diese Geste, dass ich nur mit Mühe ein Danke heraus gewürgt bekam. Der Verkäufer bat uns, das Geschäft zu verlassen und ich wollte schon aufatmen, doch es war noch nicht vorbei. Ich wäre gern zum Auto gegangen, aber erstaunlicherweise blieb Peter stehen und so kam ein Gespräch zustande.

Beide hatten natürlich meinen dicken Bauch bemerkt und besonders R schaute immer wieder auffällig darauf. Ich kann den Inhalt unserer Unterhaltung nicht mehr genau wiedergeben, denn ehrlich gesagt erinnere ich kaum noch daran. Wir standen etwa zehn Minuten zusammen vor diesem Laden und die ganze Zeit drehte sich mir der Kopf. H und R sprachen mit uns, oder besser gesagt mit Peter denn ich war wie gelähmt, als wären wir die besten Freunde. Das Ende vom Lied war, dass wir eine Einladung zum Essen von ihnen bekamen. Peter sagte zu und wir verabschiedeten uns.

Zu Hause angekommen, fiel endlich die Lähmung von mir ab und ich machte meinem Ärger Luft. Peter verstand meinen Unmut nicht. Er betonte immer wieder, wie nett die beiden doch gewesen seien und dass es uns nicht umbringen würde, mal mit ihnen essen zu gehen. Aber ich wusste es besser. H hatte vielleicht ehrbare Absichten und freute sich aufrichtig mit uns, aber R nicht. Dessen war ich mir absolut sicher, dafür kannte ich sie zu gut.

Auch wenn ich vor dem Laden wie gelähmt war, so hatte ich doch R ganz genau beobachtet. Ihr ging es nicht um uns, sie hatte es auf das Baby abgesehen. Ihre Blicke auf meinen Bauch und der Ausdruck in ihren Augen dabei waren eindeutig. Was ich dort sah war Neid. Sie selbst hatte nie Kinder bekommen können und ich bin mir ziemlich sicher, dass Gott sich dabei etwas gedacht hat.

Kurzum, die Einladung stand und wir wurden an jenem Abend von den beiden mit dem Auto abgeholt. Ich staunte nicht schlecht, als ich das Auto sah, denn es war ein neuer Opel und die Wende war noch nicht einmal ein Jahr her. H prahlte noch damit, dass er es nicht auf Kredit gekauft hatte. Die Rechnung an diesem Abend war so saftig wie das Steak, das ich auf dem Teller hatte. Peter amüsierte sich prächtig. Es war, als wären wir schon immer eine große glückliche Familie gewesen. H und R waren begeistert von ihm und behandelten ihn wie einen Sohn. Immer wieder sagten sie, was ich doch für ein Glück hätte, so einen tollen Mann zu haben. Mir kam fast das Essen wieder hoch bei dieser Schleimerei. Aber ich wollte Peter den Abend nicht verderben und so spielte ich mit.

Als wir uns von H und R verabschiedeten, hatten wir die nächste Einladung im Sack. Diesmal zu ihnen nach Hause zum Kaffee. Vorerst fand ich mich damit ab, die beiden nun wieder in meinem Leben zu haben. Auch wenn ich wusste, dass R es nur auf unser Kind abgesehen hatte. Dagegen würde ich mich schon wehren, wenn es soweit war. Sollte sie nur ihr Spielchen spielen. In Gedanken riet ich ihr, mich als Gegner nicht zu unterschätzen.

Als wir der Einladung zu Kaffee nachkamen und die Wohnung von H und R betraten, fielen mir fast die Augen aus dem Kopf. Ich war in dieser Wohnung groß geworden und hatte sie gut in Erinnerung. Nun erkannte ich sie kaum wieder. Alles war komplett neu eingerichtet, von der Klobrille bis zum Fernseher. Und diese Sachen waren nicht aus einem DDR-Kaufhaus. Ich konnte es nicht fassen, verkniff mir jedoch jeglichen Kommentar. Peter ließ seiner Begeisterung freien Lauf und fühlte sich sofort zu Hause. Für mich war es aus verständlichen Gründen nicht so angenehm, wieder dort zu sein. Es war ein mulmiges Gefühl, besonders als ich mein altes Zimmer betrat. Es sah jetzt zwar anders aus, aber die Erinnerungen waren geblieben. Ich bekam eine Gänsehaut, die ich den ganzen Nachmittag nicht mehr loswurde.

Für das folgende Wochenende wurden wir in den Garten eingeladen. Das erste Mal hatte ich ein Lächeln im Gesicht, seit wir H und R wieder begegnet waren. Leider wurde meine Freude mit der Nachricht getrübt, dass meine Großeltern bereits verstorben waren. Das machte mich sehr traurig. Wie gern hätte ich sie wieder gesehen. Wie gern hätte ich ihnen meinen Mann vorgestellt und ihnen ihren Urenkel in den Arm gelegt. Ich legte Blumen nieder an ihrem Grab schloss sie fortan in meine Gebete ein.

Der Garten hatte sich kaum verändert, wohl aber der Bungalow. Auch dort war alles neu eingerichtet. Das war doch wirklich unglaublich. Wo hatten diese Leute nur das Geld dafür her? Die Antwort schlummerte bereits in meinem Hirn und schlagartig wurde es mir klar. Ich dachte daran zurück, wie damals an allem gegeizt wurde. Besonders für mich. Und als ich nicht mehr da war, konnte noch mehr eingespart werden. Da hatte sich also eine ganze Menge angesammelt, wie man sah. Ich schob meinen Ärger darüber beiseite und genoss wie früher die Fülle und Schönheit der Natur. Es war Spätsommer und wie als Kind stopfte ich mich mit frischem Obst und Gemüse voll. Es war herrlich. H fuhr mit Peter auf meinen Lieblingssee zum angeln. Natürlich wollte ich sie begleiten aber das wurde abgelehnt. Beide meinten, das wäre zu gefährlich für mich. Immerhin war ich bereits im achten Monat schwanger. Ich fand das unsinnig, fügte mich aber. Da ich die Zeit ihrer Abwesenheit nicht allein mit R verbringen wollte, ging ich spazieren. Zu H hatte ich inzwischen fast ein normales Vater-Tochter-Verhältnis. Seine Freude über meine Anwesenheit war aufrichtig und das fand ich schön. Ich hegte keine konkreten Gefühle für diesen Mann, es beruhigte nur irgendwie.

Als ich im neunten Monat war, wurde Peter zur Armee einberufen. Für mich war das unsagbar schrecklich, weil er nur am Wochenende nach Hause kam. Ich war nicht mehr gut zu Fuß und Auto fahren konnte ich noch nicht damals. So war ich die meiste Zeit allein. Es ging mir gar nicht gut zu jener Zeit und ich weinte viel. H und R kamen mich oft besuchen aber das war nicht wirklich ein Trost. Mein Mann fehlte mir sehr.

Obwohl ich große Angst vor der Geburt hatte, sehnte ich doch den Tag herbei. Ich wollte endlich mein Kind in den Armen halten. Damals wurde nur eine Ultraschalluntersuchung gemacht und wir hatten uns nicht sagen lassen, was es wird. Peter hoffte auf einen Sohn aber das ist wohl bei jedem Mann so. Wir hatten uns schon seit einiger Zeit Gedanken über einen Namen für unser Kind gemacht. Den Mädchennamen suchte ich aus und ließ mich davon auch nicht abbringen. Trotz ständiger Fragen seitens Familie und Freunden behielten wir die Namen für uns.

Als ich meinen Geburtstermin überschritten hatte, hielten H und R es für besser, wenn ich die Nacht über nicht mehr allein zu Hause blieb. Auch ich hatte mir Gedanken gemacht, was ich tun sollte, wenn es mitten in der Nacht bei mir losgehen sollte. Telefon hatten wir nicht und sollte es schnell gehen müssen, hätte ich keine Möglichkeit, Hilfe zu rufen. Also holte mich H jeden Tag nach Feierabend mit dem Auto zu Hause ab und brachte mich morgens wieder zurück.

Zehn Tage nach dem errechneten Geburtstermin wies mein Arzt mich ins Krankenhaus ein. Das wäre sicherer, sagte er und mir war das auch lieber so. Peter kam mich am Wochenende sofort besuchen. Es war ein Samstag und er verbrachte den ganzen Tag bei mir. Wir gingen im Park spazieren und aßen Kuchen in der Cafeteria. Als die Besuchszeit vorüber war, verabschiedete er sich. Ich lag zu diesem Zeitpunkt schon im Bett, wollte ihn aber bis zur Zimmertür bringen. Beim aufrichten ging ein Ruck durch meinen Körper und ich wusste, dass meine Fruchtblase geplatzt war. Peter lief hinaus um einer Schwester Bescheid zu sagen. Als er mit ihr ins Zimmer kam, war mein Bett bereits voller Blut. Es hätte aber lediglich nass sein dürfen. Ich hatte furchtbare Angst und an der Reaktion der Schwester merkte ich, dass es ernst war. Wie ernst, zeigte sich kurz darauf. Man schob mich im Eiltempo in den OP und ich bekam sofort eine Narkose. Während der Sekunden, in denen ich wegdämmerte, hörte ich den Arzt noch Anweisungen rufen und das Letzte was ich sah, war das besorgte Gesicht einer Schwester.

Als ich Stunden später wieder zu mir kam, fühlte ich mich wie in Watte gepackt. Mein Mund war trocken und mein ganzer Körper schmerzte. Ich schlief immer wieder ein und war erst am nächsten Vormittag vollständig ansprechbar. Die Krankenschwester kam mit einem kleinen Bündel auf dem Arm ins Zimmer. Dann hielt ich zum ersten Mal meine Tochter im Arm. Sie war so winzig und so wunderschön. Ich sah sie nur ein paar Minuten, dann wurde sie wieder aus dem Zimmer gebracht. Mir war übel und wenn ich versuchte mich zu bewegen, explodierte eine Bombe aus Schmerz in meinem Körper. Wenig später kam der Arzt zu mir und erklärte mir, was passiert war. Meine Plazenta hatte sich vorzeitig gelöst, deswegen kam es zu einem Blutsturz. Wenn ich zu diesem

Zeitpunkt nicht in der Klinik gewesen wäre, hätten meine Tochter und ich das nicht überlebt.

Peter kam mit seiner Mutter am Nachmittag zu mir. So sehr ich mich auch darüber freute ihn zu sehen, wurde es doch nur ein kurzer Besuch. Ich weinte die meiste Zeit, weil ich wahnsinnige Schmerzen hatte und war kaum ansprechbar. H und R kamen auch und auch sie blieben nicht lange. H sah man an, dass er sehr erschrocken über meinen Anblick war. Ich sah so aus, wie ich mich fühlte und bot ein Bild des Elends.

Die folgenden acht Tage ging ich durch die Hölle. Man hatte mich in ein Sechsbettzimmer gelegt, in dem ich allein blieb, bis ich die Klinik verließ. Die ersten zwei Tage nach der Operation durfte und konnte ich nicht aufstehen. Meine Blase wurde mit einem Katheter geleert. Ich bekam mehrmals täglich Spritzen gegen die Schmerzen in den Oberschenkel. Außer zu meiner körperlichen Versorgung kam nie jemand zu mir ins Zimmer. Ich wurde in meinem Bett von Tag zu Tag immer kleiner und verzweifelter. Eine tiefe Traurigkeit hatte mich erfasst und erstickte mich geradezu.

Meine Tochter wurde von den Schwestern versorgt, denn stillen konnte ich sie nicht. Am zweiten Tag nach der Geburt wurde sie mir ins

Zimmer gebracht und in ein kleines Bettchen an meinem Bettende gelegt. Dann wurde ich wieder allein gelassen. Als sie anfing zu schreien konnte ich nicht zu ihr. Ich klingelte nach der Schwester aber niemand kam. Dann versuchte ich allein aufzustehen, schaffte es aber nicht. Das weinen meines Babys zerriss mich fast. Ich wusste mir keinen Rat mehr und fing selbst an zu schreien. Danach brachte man mir die Kleine nur noch ab und zu ins Zimmer. Kein Mensch schien zu bemerken, wie schlecht es mir ging. Jeden Tag fragte ich, ob nicht jemand zu mir ins Zimmer gelegt werden kann, damit ich nicht so allein bin. Jedes Mal wurde es mir versichert aber es passierte nie. Als ich endlich wieder einigermaßen laufen konnte, schlich ich ans Geländer geklammert über den Flur. Wenn mich jemand ansprach, brach ich sofort in Tränen aus und doch schien immer noch niemand zu merken, dass ich dringend Hilfe brauchte. Nicht einmal meiner Familie, bei deren kurzen Besuchen ich nur vor mich hinstarrte und kaum sprach. Sie waren zu sehr damit beschäftigt, sich ihre Enkelin anzusehen. Mein Mann, den ich dringend gebraucht hätte, war die Woche über nicht da. Er konnte mir nicht helfen aber alle anderen hätten es tun müssen. Es schien auch niemandem aufzufallen, dass ich mich nicht um meine Tochter kümmerte. Es interessierte mich ganz einfach nicht. Ich hatte vergessen, dass ich ein Kind habe.

Zehn Tage hätte ich damals nach dem Kaiserschnitt im Krankenhaus bleiben müssen. Am achten Tag wurde ich in ein anderes Zimmer verlegt aber es war zu spät. Bei der Chefvisite am nächsten Morgen besah sich der Arzt meine Wunde und war mit dem Heilungsverlauf zufrieden. Dann sah er mir in die Augen und fragte mich etwas. Ich antwortete nicht, denn ich nahm ihn überhaupt nicht wahr. Er rannte aus dem Zimmer und alle anderen hinter ihm her. Zehn Minuten später wurde ich in einen Krankenwagen verfrachtet und mit Blaulicht und Sirene in die nächstgelegene Nervenheilanstalt gebracht. Akute Suizidgefahr lautete die Diagnose. Und sie stimmte.

Wie konnte das nur passieren? Und wieso mir? Ich hatte mir alles so schön ausgemalt. Ein Baby zu haben mit dem Mann, den ich liebte. Wir sollten doch jetzt eine glückliche kleine Familie sein. Statt dessen war ich nun hier in dieser furchtbaren Anstalt und mein Mann und mein Kind waren weit weg. Ich fühlte mich leer und vollkommen verlassen. Von der Geburt meines Kindes hatte ich nichts mitbekommen. Als die Schwester mir die Kleine das erste Mal in den Arm legte, war ich sehr glücklich, doch dieses Gefühl ließ schnell nach. Ich konnte mein Kind nicht versorgen und so baute ich keine Bindung zu meiner Tochter auf. Aber ist es nicht von der Natur so vorgesehen, dass sich die Muttergefühle nach einer Geburt automatisch einstellen? Bei mir war das nur für einen kurzen Moment der Fall. Wieder einmal hatte ich Zweifel an mir selbst und stellte mein ganzes Dasein in Frage. Vielleicht war ich nicht dazu bestimmt Mutter zu sein. Wie sollte es aber weiter gehen, wenn ich mein Kind nicht liebte? Nach all den Verlusten, die ich bereits erlitten hatte, war mir klar, dass ich meine kleine Familie dieser Liste nicht hinzufügen würde. Ich würde kämpfen.

Nachdem man mich in die Klinik gebracht hatte, wurde mein Mann telefonisch über meinen Zustand informiert. Er kam sofort hinterher gefahren und wollte mich sehen. Das wurde jedoch nicht gestattet. Er durfte mir nur Kleidung dalassen und wurde wieder weg geschickt. Auf dem Rückweg fuhr er sofort in die Klinik und holte unsere Tochter nach Hause. Seine Vorgesetzten bei der Armee hatten Verständnis für seine Lage und stellten ihn zwei Tage frei. Danach kümmerte sich meine Schwiegermutter um die Kleine.

Ich verbrachte zwei Wochen in der Anstalt. Jeden Tag führte der Arzt ein Gespräch mit mir und ich musste an den gemeinschaftlichen

Beschäftigungen teilnehmen. Nach einer Woche hatte ich mich sichtlich erholt, konnte aber noch nicht entlassen werden, da ein Rückfall befürchtet wurde. Ich hatte ein Baby zu versorgen zu Hause und dafür war ich nach Ansicht der Ärzte noch nicht stabil genug. Mit jedem Tag jedoch wuchs meine Sehnsucht nach meiner Tochter und das war ein gutes Zeichen.

Am Tag meiner Entlassung holte mein Mann mich ab und kurz darauf hielt ich mein Kind im Arm. Ein Gefühl des absoluten Glücks durchströmte mich. Ich sah mit neuer Hoffnung in die Zukunft.

Abrechnung

Nachdem ich wieder zu Hause war, kehrte der Alltag in mein Leben zurück, wenn man das mit einem Neugeborenen überhaupt so nennen kann. Peter wurde auf Grund des Umstands, dass er gerade Vater geworden war, aus der Armee entlassen. Darüber war ich sehr glücklich, denn ich wollte ihn bei mir haben und ich brauchte seine Hilfe. Ich hatte keine Erfahrung mit der Versorgung eines Säuglings, genau wie er, doch gemeinsam schlugen wir uns ganz gut. Die nächtlichen Fütterungen teilten wir uns und auch wenn er tagsüber nicht zu Hause war, fühlte ich mich doch nicht allein. Wir waren eine glückliche kleine Familie.

H und R kamen regelmäßig zu Besuch. Sie waren beide verrückt nach ihrer Enkeltochter. Wenn R die Kleine auf dem Arm hielt, stellte sich das ungute Gefühl, dass ich noch während der Schwangerschaft hatte, nicht mehr ein. Sie genoss es sichtlich, Großmutter zu sein und ich gönnte es ihr. Vergessen waren die schlimmen Tage nach der Geburt, als alle andern mich vergessen hatten. Ich hatte damit abgeschlossen.

In der Nervenklinik hatte der Arzt täglich mit mir über die Vergangenheit gesprochen. Er machte mir klar, dass es keine glückliche Zukunft geben könne, wenn ich Altes nicht ruhen lasse. Hass und Zorn würden mich und meine Familie vergiften, sagte er. Wenn ich nicht verzeihen kann, soll ich wenigstens versuchen zu vergessen. Ich versuchte es. Aber nichts prägt schlimme Geschehnisse tiefer ins Gedächtnis ein, als der Versuch, sie zu vergessen.

Es ist ein Naturgesetz, dass einen die Vergangenheit irgendwann einholt. Und so war es auch mit H und R. Als meine Tochter etwa drei Monate alt war, verbrachten sie wieder einmal einen Abend bei uns. Ich stand mit R in der Küche um das Abendessen vorzubereiten. Sie klagte über Schmerzen im Rücken. Damit hatte sie schon immer zu kämpfen, aber das wüsste ich ja, meinte sie. Ich nickte nur, denn nach wie vor konnte ich kein Mitgefühl für die Frau aufbringen. Sie war einfach für zu viele Schmerzen verantwortlich, die ich erlitten hatte.

Als sie weiter sprach, konnte ich nicht glauben, was ich da hörte. Sie sagte, dass sie nach meinem Weggang (Als ob das ein Weggang gewesen wäre!) gern nur noch halbtags gearbeitet hätte. Das war jedoch nicht möglich, da sie beide damals Geld für meinen Heimaufenthalt an Vater Staat zahlen mussten. Davon hörte ich zum ersten Mal. Es handelte sich dabei um die lächerliche Summe von monatlich fünfzig Mark. Mir blieb der Mund offen stehen. Das durfte ja wohl nicht wahr sein. Diese Frau machte mir zum Vorwurf, was sie selbst eingebrockt hatte. Mir platzte der Kragen. Ich sagte ihr in ziemlich barschem Ton, dass es sehr viel teurer gewesen wäre, wenn ich bis zu meinem achtzehnten Lebensjahr zu Hause gelebt hätte. Dann machte ich sie darauf aufmerksam, dass es mir keineswegs entgangen war, wie viele Neuanschaffungen es bei ihnen gab. Das alles musste ein Vermögen gekostet haben. Der alte Zorn flammte wieder in mir auf und ich verließ schleunigst die Küche, sonst hätte ich ihr wahrscheinlich ins Gesicht geschlagen.

Ich ging ins Schlafzimmer. H hatte gerade die Kleine ins Bettchen gelegt und sie schlief. Er sah, dass ich aufgeregt war und fragte mich, was los sei. Ich erzählte ihm flüsternd von meinem Gespräch mit R. Er schüttelte den Kopf und nahm mich in den Arm. Von ihm ließ ich mir das gefallen, R jedoch durfte mich nie anfassen.

Wir schauten auf meine schlafende Tochter und dann sagte er leise zu mir: "Ich hätte damals die richtigen Konsequenzen ziehen sollen." Ich sah in verständnislos an und fragte ihn, was er damit meinte. Die Antwort, die ich bekam, ließ das Fass endgültig überlaufen. Er meinte damit, dass er sich damals lieber von dieser Frau hätte scheiden lassen und mich mitnehmen sollen. Wenn mir beim Gespräch kurz zuvor mit R der Mund offen stehen blieb, dann klappte mir jetzt förmlich die Kinnlade herunter. Mir schoss nur ein Gedanke durch den Kopf. Was hätte ich für ein Leben haben können. Ich hätte glücklich aufwachsen können bei ihm, denn er liebte mich. Das hatte er immer getan. Er war nur nicht Manns genug, sich gegen diese Frau zu behaupten. Und nun stand er hier vor mir und sagte, dass er mir ganz einfach all das Leid hätte ersparen können, wenn er nur ein wenig Mut aufgebracht hätte. Es war wie ein Fausthieb.

Ich sah ihn an und für einen winzigen Augenblick regte sich in mir so etwas wie Mitleid mit diesem Mann, der sicher auch sein Leben lang nichts anderes wollte, als glücklich sein. Dann war der Augenblick vorbei und ich machte dem Ganzen ein Ende. Ich nahm H an die Hand und zog ihn hinter mir her bis in die Küche, wo R immer noch schmollend stand. Peter kam hinterher gelaufen und fragte, was los sei. Mit einem Blick schickte ich ihn aus der Küche. Manchmal verstand er eben auch ohne Worte, wofür ich in diesem Moment sehr dankbar war.

Als er aus dem Raum war, spielte sich eine ziemlich laute und hässliche Szene ab. Ich schrie meine Wut heraus. Spuckte sie H und R förmlich ins Gesicht. Beide zuckten zusammen unter meiner lauten Stimme. Es hätte Genugtuung pur sein können aber ich war so in Rage, dass ich es nicht mal genießen konnte. Ich sagte R, dass sie das Böse in persona war und dass der Teufel packen und seinen Thron räumen würde, wenn sie in der Hölle ankäme. H sagte ich, dass er der jämmerlichste Abklatsch von einem Mann wäre, den es auf Erden gab. Mit diesem verbalen Arschtritt warf ich sie aus meiner

Wohnung. Ich schwor beiden, ihnen eigenhändig die Gedärme herauszureißen, sollten sie mir je wieder über den Weg laufen. Dann knallte ich die Tür hinter ihnen zu.

Als ich zu Peter zurück ins Wohnzimmer kam, bat ich ihn, unsere Tochter in dieser Nacht allein zu versorgen. Es wurde ein lange Nacht, in der ich mich zum ersten Mal in meinem Leben betrank. Am nächsten Morgen erwachte ich mit höllischen Kopfschmerzen. Ein Schmerz, den ich gern in Kauf nahm, denn alle anderen hatte ich am Abend zuvor hinter mir gelassen.

Zu guter Letzt

Ich habe H und R nicht wieder gesehen. Das ist nun über zwanzig Jahre her und sie kommen mir nur noch selten in den Sinn. Seit ein paar Jahren erkundige ich mich jedoch regelmäßig beim Einwohnermeldeamt, ob beide noch am Leben sind. Bis heute habe ich immer einen positiven Bescheid darüber bekommen. Das Gegenteil wäre mir allerdings lieber, denn nur dann wäre es für mich wirklich positiv.

Ich habe mich etwas über Erbrecht schlau gemacht und Interessantes erfahren. Als Adoptivkind habe ich den gleichen Status wie ein leibliches Kind, werde also H und R beerben. Da ich über viele Jahre hinweg mit angesehen habe, wie beide gewirtschaftet haben, bin ich mir sicher, dass da noch einiges zu holen ist. Der Geiz dieser Leute hat sicher auch im Alter dazu beigetragen, dass nicht mehr Geld ausgegeben wurde als nötig. Nun, ich lasse mich überraschen.

Ich frage mich heute noch, wie H und R das ausgehalten haben, nachdem ich weg war. Was war ich denn für die beiden anderes als ein Zeitvertreib, ein Hobby. Erziehung konnte man das nicht nennen und Liebe gab es nicht. Also kann es doch nur ein grausames Hobby gewesen sein. Wenn man die Natur des Menschen betrachtet, hätten die beiden sich doch nach meinem Weggang die Köpfe einschlagen müssen. Aber das haben sie nicht. Im Gegenteil, sie leben immer noch zusammen. Das bedeutet aber auch, dass sie miteinander ganz anders umgehen, als sie es mit mir taten. Kommt das nicht einer dissoziativen Störung gleich? Ich glaube, ich war das Kind von Psychopaten und bin froh, dass ich nicht deren Erbgut in mir trage.

Manchmal denke ich darüber nach, was ich tun würde, wenn R vor H stirbt. Würde ich Kontakt zu ihm aufnehmen? Hätte das nach all diesen Jahren noch Sinn und hätte ich diesem Mann überhaupt etwas zu sagen? Ich bin mir nicht sicher. Immerhin brachte ich H am Ende doch genauso viel Hass entgegen wie R.

Wenn ich darauf wetten müsste, würde ich sagen, dass R noch lange lebt. Obwohl sie bereits über siebzig ist. Diese Frau ist wie altes, zähes Leder. Sie lebte das Leben eines Tyrannen. Sie nahm mir die Kindheit und die Jugend und geht dafür straffrei aus. Wenn es etwas Gerechtigkeit gibt auf dieser Welt, stirbt sie einen langsamen, qualvollen Tod. Der Leser mag hieran vielleicht Anstoß nehmen, ich hingegen schäme mich nicht dafür, dass ich diesen Wunsch hege.

Meine Ehe mit Peter wurde nach nur drei Jahren geschieden. Nach meinem Kaiserschnitt ließ ich alle Liebe unserer Tochter angedeihen, dabei blieb er auf der Strecke. Obwohl ich auch ihn liebte, konnte ich ihm das nicht mehr zeigen. Zu intimem Kontakt war ich nicht mehr fähig und daran zerbrach schließlich alles. Er trank immer häufiger und immer mehr. Täglich gab es Streit, doch waren wir nicht in der Lage, unsere Differenzen beizulegen. Selbst eine Eheberatung rettete nichts mehr. Als er sich eine Geliebte nahm, reichte ich die Scheidung ein.

Ich bin sieben Mal in meinem Leben Mutter geworden. Mein letztes Kind, einen Sohn, habe ich verloren. Er wurde tot geboren, als ich im siebten Monat war. Der schrecklichste Verlust bis jetzt, den ich nie verkraftete. Als wir ihn zu Grabe trugen, starb auch etwas in mir. Einen geliebten Menschen zu verlieren ist immer furchtbar, aber der Tod eines Kindes ist für Eltern das Schlimmste, was ihnen widerfahren kann.
Ich teilte meinen Kummer mit niemandem und bin deshalb fast daran zerbrochen. Den Schmerz versuchte ich mit Alkohol und Schlaftabletten zu betäuben. Das hatte nur zur Folge, dass ich von Beidem eine Zeit lang abhängig wurde.

Vor dreizehn Jahren verließ ich meine Heimatstadt und heiratete ein zweits Mal. Ich fand einen wunderbaren Mann, der mir immer zur Seite stand und es bis heute tut. Trotz aller Widrigkeiten und meines schwierigen Charakters hat er nie aufgegeben. Er zog

Kinder mit mir groß, die nicht seine eigenen waren und begegnete ihnen stets mit Liebe und Verständnis. Ich verdanke ihm sehr viel und obwohl ich ihn schon oft verlassen wollte, sind wir immer noch zusammen. Inzwischen bin ich der Meinung, dass es Bestimmung ist.

Mein Leben war nie einfach und wird es nie sein. Ich führe immer noch einen täglich Kampf, bei dem ich meine Gegner nicht sehen kann. Und obwohl ich es mir nie selbst eingestehe, hänge ich am Leben und bin dankbar für jeden Tag.

Das Ende meiner Geschichte ist offen. Die Zukunft ist ungewiss, doch stehe ich ihr neugierig gegenüber. Und wer weiß, vielleicht schreibe ich in vierzig Jahren wieder ein Buch und erzähle davon.

Zeitfracht Medien GmbH
Ferdinand-Jühlke-Straße 7
99095 Erfurt, Deutschland
produktsicherheit@kolibri360.de